LA TRANSFORMACIÓN DIGITAL DE LAS PYMES

Estrategias y Éxitos

Cedric Yumba K

CONTENIDO

Página del título	
Introducción	1
Capítulo 1: Comprender la Transformación Digital	3
Capítulo 2: Evaluar el Estado Actual de su PYME	10
Capítulo 3: Elaborar una Estrategia de Transformación Digital	17
Capítulo 4: Cambiar la Cultura Empresarial	28
Capítulo 5: Implementar Tecnologías Digitales	39
Capítulo 6: Digitalización de los Procesos Empresariales	52
Capítulo 7: Compromiso de los Clientes en la Era Digital	66
Capítulo 8: Seguimiento y Evaluación del Progreso	81
Capítulo 9: Casos Prácticos y Estudios de Casos	91
Capítulo 10: Perspectivas de Futuro	100
Conclusión	111

INTRODUCCIÓN

En el panorama económico actual, la transformación digital se ha convertido en una necesidad para las pequeñas y medianas empresas (PYME) que desean mantenerse competitivas y prósperas. Ante la rápida evolución de las tecnologías y las crecientes expectativas de los consumidores, las PYME deben adaptarse para sobrevivir y aprovechar las nuevas oportunidades que ofrece el ámbito digital.

Este libro tiene como objetivo desmitificar el proceso de transformación digital y proporcionar una guía práctica destinada a las PYME. Exploraremos estrategias concretas, herramientas esenciales y ejemplos reales para acompañar a las empresas en cada etapa de su recorrido digital. Ya sea que esté comenzando su transformación o buscando optimizar sus esfuerzos actuales, esta guía está diseñada para ayudarle a navegar en este entorno en constante cambio.

Comenzaremos con una comprensión profunda de lo que es la transformación digital y por qué es crucial para las PYME. Luego, analizaremos el estado actual de su empresa a través de una evaluación FODA digital y una auditoría de sus infraestructuras y sistemas existentes. También abordaremos la importancia de la cultura empresarial, la elección de las tecnologías adecuadas y la digitalización de los procesos empresariales.

Finalmente, exploraremos estrategias para involucrar eficazmente a sus clientes en la era digital y cómo monitorear y evaluar los progresos realizados. Cada PYME tiene un recorrido único en su transformación digital, y el objetivo de este libro es proporcionarle los conocimientos y las herramientas necesarias para asegurar el crecimiento y la prosperidad de su empresa a largo plazo.

Prepárese para transformar su PYME y aprovechar plenamente las ventajas de la revolución digital. ¡Bienvenido a la era digital!

CAPÍTULO 1: COMPRENDER LA TRANSFORMACIÓN DIGITAL

Para empezar, es esencial profundizar para entender qué implica realmente este proceso. La transformación digital no se limita a la adopción de nuevas tecnologías; implica una revisión completa de los procesos empresariales y la cultura empresarial. En este capítulo, exploraremos los fundamentos de la transformación digital, las tecnologías clave que la sustentan y los profundos impactos que puede tener en las PYME.

1.1 Los fundamentos de la transformación digital

La transformación digital constituye la integración de tecnologías digitales en todas las actividades de una empresa, modificando profundamente la manera en que opera y ofrece valor a sus clientes. Este proceso va mucho más allá de la simple adopción de nuevas tecnologías; implica una revisión completa de los procesos empresariales, los modelos económicos y la cultura empresarial.

¿Qué es la transformación digital?

La transformación digital se refiere al conjunto de cambios relacionados con la integración de tecnologías digitales en todas las dimensiones de la empresa. Esto incluye:

- **Digitalización**: Conversión de formatos físicos a formatos digitales (ej.: documentos en papel digitalizados).
- **Digitalización de procesos**: Uso de tecnologías digitales para mejorar los procesos existentes (ej.: adopción de sistemas de gestión electrónica de documentos).
- **Transformación digital**: Revisión y transformación de los procesos, productos y modelos económicos mediante tecnologías digitales (ej.: adaptación de una estrategia centrada en el cliente basada en el análisis de datos en tiempo real).

Tecnologías clave

Algunas tecnologías son fundamentales para la transformación digital y a menudo representan el punto de partida de este proceso. Aquí están las más destacadas:

- **Computación en la nube**: Ofrece la posibilidad de almacenar y acceder a datos y aplicaciones en servidores

remotos en lugar de depender de infraestructuras locales. Las empresas pueden así beneficiarse de flexibilidad, escalabilidad y reducción de costos operativos.
- **Big Data**: Se refiere a la explotación de grandes volúmenes de datos para extraer conocimientos estratégicos. Recoger, analizar e interpretar estos datos permite a las empresas comprender mejor las tendencias del mercado, los comportamientos de los clientes y optimizar sus operaciones.
- **Internet de las cosas (IoT)**: Conecta objetos físicos a internet, permitiendo la recopilación e intercambio de datos. El IoT se utiliza para mejorar la eficiencia de los procesos, como la gestión de inventarios, el mantenimiento predictivo y la automatización de tareas.
- **Inteligencia Artificial (IA)**: Incluye sistemas capaces de simular procesos humanos como el aprendizaje y la toma de decisiones. La IA se despliega para automatizar tareas complejas, mejorar el servicio al cliente con chatbots y realizar análisis predictivos.
- **Blockchain**: Una tecnología de registro descentralizado que asegura y verifica las transacciones. El blockchain se utiliza para garantizar la transparencia y la confianza en sectores como las finanzas, la gestión de la cadena de suministro y más.

Impactos en los procesos empresariales y los modelos económicos

La transformación digital influye en varios aspectos funcionales y estratégicos de las PYME:
- **Automatización de procesos**: Las tecnologías digitales permiten automatizar tareas repetitivas y laboriosas, lo que libera tiempo para actividades de mayor valor añadido y reduce los errores humanos. Por ejemplo, el

uso de robots de software (RPA) para la entrada de datos o de IA para la clasificación de correos electrónicos.
- **Mejora de la experiencia del cliente**: Las expectativas de los clientes evolucionan con las tecnologías. Las empresas deben ofrecer interacciones transparentes, personalizadas y en tiempo real. La adopción de plataformas de gestión de relaciones con clientes (CRM) y de análisis de datos ayuda a las PYME a comprender mejor y responder a las necesidades de los clientes.
- **Nuevos modelos económicos**: Las tecnologías permiten crear modelos de negocio innovadores, tales como plataformas de servicios en línea, la economía de la suscripción o los mercados digitales. Las empresas pueden así explorar nuevas fuentes de ingresos.
- **Flexibilidad y agilidad organizacional**: La adopción del trabajo remoto, facilitada por la nube y las herramientas de colaboración en línea, hace que las empresas sean más ágiles y reactivas. Pueden ajustar rápidamente sus actividades ante los cambios del mercado.

En conclusión, una PYME no puede permitirse ignorar la transformación digital. Comprender sus fundamentos y las tecnologías clave es esencial para iniciar este cambio, alinear la estrategia empresarial con las nuevas realidades digitales y aprovechar al máximo sus beneficios.

1.2 Por qué la transformación digital es crucial para las PYME

Para las pequeñas y medianas empresas (PYME), la transformación digital es mucho más que una simple modernización. Es esencial para su supervivencia y crecimiento en un mercado cada vez más competitivo y globalizado. Este punto explora las razones por las cuales las PYME deben necesariamente adoptar la transformación digital.

Adaptación a las nuevas expectativas de los clientes

Los comportamientos y las expectativas de los clientes han evolucionado significativamente con el auge de las tecnologías digitales. Los clientes ahora buscan experiencias personalizadas, fluidas y rápidas. Algunos puntos clave incluyen:

- **Reactividad y accesibilidad**: Los clientes esperan poder interactuar con las empresas en cualquier momento y desde cualquier dispositivo. Adoptar canales digitales como las redes sociales, las aplicaciones móviles y los sitios web responsivos se ha vuelto crucial.
- **Personalización**: Gracias a los análisis de datos, las PYME pueden comprender mejor las preferencias de sus clientes y ofrecer servicios y productos adaptados. Las herramientas de CRM y de marketing automatizado juegan un papel importante en la personalización de las interacciones y la mejora de la satisfacción del cliente.

Reducción de costos operativos

La transformación digital permite a las PYME reducir significativamente sus costos y mejorar sus márgenes operativos. He aquí cómo:

- **Automatización de tareas**: La digitalización permite automatizar procesos repetitivos y manuales, lo que reduce la necesidad de mano de obra y disminuye los errores relacionados con las intervenciones humanas. Por ejemplo, la automatización de facturas y pagos.

- **Optimización de recursos**: El uso de sistemas ERP (Enterprise Resource Planning) ayuda a optimizar la gestión de recursos, eliminando ineficiencias y mejorando la coordinación entre los diferentes departamentos. Las PYME pueden así planificar y asignar mejor sus recursos.
- **Reducción de costos de infraestructura**: La migración a la nube permite a las empresas reducir sus costos de infraestructura, evitando inversiones importantes en servidores y reduciendo los costos de mantenimiento. Solo pagan por lo que utilizan.

Mejora de la toma de decisiones gracias a los datos

Los datos juegan un papel central en la transformación digital. La recopilación y el análisis de datos permiten a las PYME tomar decisiones más informadas y estratégicas. Varios beneficios se derivan de ello:

- **Conocimientos basados en datos**: El análisis de datos de clientes, de rendimiento de ventas y de tendencias del mercado permite obtener conocimientos valiosos. Las empresas pueden así adaptar sus estrategias de marketing, optimizar sus ofertas de productos y anticipar las necesidades futuras.
- **Monitoreo en tiempo real**: Las tecnologías digitales ofrecen la posibilidad de monitorear las operaciones en tiempo real. Los paneles de control analíticos y las herramientas de inteligencia empresarial permiten seguir los indicadores clave de rendimiento (KPI) y reaccionar rápidamente a anomalías u oportunidades.
- **Predicción y planificación**: Las herramientas de análisis predictivo utilizan algoritmos de aprendizaje automático para prever tendencias futuras y planificar

en consecuencia. Por ejemplo, prever la demanda estacional para gestionar los inventarios de manera más eficiente.

En conclusión, la transformación digital ofrece a las PYME una oportunidad única para modernizarse, racionalizar sus operaciones y responder mejor a las expectativas de los clientes. Ignorar esta transformación conlleva un riesgo importante, ya que las empresas que no adoptan las tecnologías digitales pueden rápidamente quedar superadas por competidores más ágiles e innovadores. La transformación digital no es solo una estrategia de crecimiento, sino una condición sine qua non para la permanencia y el éxito de las PYME en la economía moderna.

CAPÍTULO 2: EVALUAR EL ESTADO ACTUAL DE SU PYME

Ahora que tenemos una comprensión clara de lo que es la transformación digital, el siguiente paso es evaluar el estado actual de su empresa. Antes de poder elaborar una estrategia eficaz, es crucial conocer sus puntos fuertes y débiles, así como las oportunidades y amenazas que se presentan. Este capítulo le guiará a través de un análisis FODA digital y una auditoría de sus infraestructuras y sistemas existentes, proporcionándole una base sólida para planificar su transformación digital.

2.1 Análisis FODA digital (Fortalezas, Debilidades, Oportunidades, Amenazas)

El análisis FODA (Fortalezas, Debilidades, Oportunidades, Amenazas) es una herramienta estratégica valiosa para evaluar el estado actual de su empresa en el contexto de la transformación digital. Este método le permite identificar sus fortalezas y debilidades internas, así como las oportunidades y amenazas externas. Aplicar este análisis a su entorno digital le ofrece una visión clara para planificar sus próximos pasos.

Cómo realizar un análisis FODA

Para efectuar un análisis FODA digital, siga estos pasos:

1. **Constituir un equipo multidisciplinario**: Reúna miembros de diferentes departamentos para obtener una visión completa de la empresa.
2. **Recopilar datos**: Recoja información de diversas fuentes, como informes financieros, comentarios del servicio al cliente, auditorías tecnológicas y análisis de mercado.
3. **Organizar sesiones de lluvia de ideas**: Utilice talleres colaborativos para listar sus fortalezas, debilidades, oportunidades y amenazas.
4. **Priorizar los elementos**: Clasifique cada elemento por orden de prioridad para enfocar sus esfuerzos en los puntos más críticos.
5. **Documentar y comunicar**: Formalice los resultados de su análisis en un documento compartido con todo el equipo.

Interpretación de los resultados

Una vez realizado su análisis FODA digital, es momento de

interpretarlo y utilizarlo para guiar su estrategia digital.

- **Fortalezas (Strengths)**: Identifique los activos digitales de su PYME. Esto puede incluir una infraestructura tecnológica robusta, un equipo competente en IT o procesos ya digitalizados. Utilice estas fortalezas para construir su estrategia de transformación digital.
- **Debilidades (Weaknesses)**: Detecte los puntos débiles que podrían frenar su transformación digital. Por ejemplo, una dependencia de sistemas obsoletos, una falta de competencias digitales entre el personal o una resistencia al cambio. Las debilidades deben ser abordadas rápidamente para evitar que comprometan sus esfuerzos.
- **Oportunidades (Opportunities)**: Identifique las oportunidades externas que pueden acelerar su transformación digital. Esto incluye las tendencias del mercado, los avances tecnológicos, las subvenciones gubernamentales o los nuevos segmentos de mercado. Aproveche estas oportunidades para aumentar su competitividad y generar nuevas fuentes de ingresos.
- **Amenazas (Threats)**: Evalúe las amenazas externas que pueden plantear desafíos a su transformación digital, como la competencia acrecentada, las ciberamenazas, los cambios regulatorios o las perturbaciones económicas. Prepare planes de contingencia para mitigar estos riesgos.

El análisis FODA digital permite trazar un mapa claro del estado actual de su empresa y definir prioridades estratégicas. Al combinar este análisis con una auditoría exhaustiva de sus infraestructuras y sistemas existentes, podrá elaborar una hoja de ruta precisa para su transformación digital, alineada con sus fortalezas y oportunidades, anticipando y mitigando sus debilidades y amenazas.

2.2 Auditoría de las infraestructuras y sistemas existentes

Una auditoría de las infraestructuras y sistemas existentes es un paso esencial para comprender el estado actual de su transformación digital. Esto le permite evaluar mejor sus capacidades tecnológicas, identificar las deficiencias y definir las prioridades para las actualizaciones necesarias. Una auditoría bien realizada ofrece una base sólida para planificar su hoja de ruta digital.

Evaluación de los sistemas actuales

Para iniciar la auditoría, es conveniente examinar en detalle los componentes clave de su infraestructura tecnológica:

- **Inventario de los equipos de hardware**: Haga una lista exhaustiva de todos los equipos informáticos, incluidos servidores, computadoras, periféricos de red y equipos de almacenamiento. Anote el estado, la antigüedad y el rendimiento de cada elemento.
- **Inventario de software y aplicaciones**: Establezca un inventario de los software utilizados, incluidos los sistemas operativos, aplicaciones empresariales, herramientas de productividad y soluciones de seguridad. Verifique las versiones y licencias para asegurarse de que están actualizados.
- **Redes y conectividad**: Analice la configuración de su red, incluidos enrutadores, conmutadores, ancho de banda y protocolos de seguridad. Evalúe la fiabilidad, velocidad y vulnerabilidades potenciales.
- **Almacenamiento y gestión de datos**: Evalúe sus sistemas de almacenamiento de datos, verificando su capacidad, eficiencia y nivel de redundancia.

Considere también sus prácticas de respaldo y recuperación de datos para asegurar la continuidad del negocio.
- **Sistemas de seguridad**: Revise sus medidas de seguridad actuales, como cortafuegos, antivirus, software de detección de intrusiones y políticas de gestión de accesos. Identifique las fallas de seguridad y las áreas que necesitan mejoras.

Identificación de necesidades y prioridades

Después de realizar un inventario detallado, es momento de identificar las necesidades y clasificar las prioridades para las mejoras. Debe concentrarse en las áreas que tendrán el mayor impacto en su productividad, seguridad y capacidad de innovación. Aquí hay algunos pasos clave para lograrlo:

- **Análisis de alineación estratégica**: Asegúrese de que sus infraestructuras actuales apoyen sus objetivos estratégicos. Por ejemplo, si su visión incluye una expansión en el comercio electrónico, verifique que sus sistemas puedan soportar un aumento del tráfico en línea y transacciones seguras.
- **Evaluación de brechas tecnológicas**: Compare sus infraestructuras actuales con los estándares y mejores prácticas de la industria. Identifique las brechas significativas y evalúe su impacto potencial en sus operaciones.
- **Planificación de actualizaciones**: Establezca un plan para mejorar o reemplazar los sistemas obsoletos y reforzar los componentes débiles. Priorice las actualizaciones en función de su urgencia e impacto estratégico.
- **Estimación de presupuestos y recursos**: Evalúe

los costos asociados con las actualizaciones y planifique los recursos necesarios, incluidos presupuestos, plazos y competencias técnicas requeridas.

Conclusión de la auditoría

La conclusión de su auditoría debe resultar en un informe detallado que sintetice los hallazgos, así como las acciones prioritarias a llevar a cabo. Este informe servirá de base para elaborar su estrategia de transformación digital, proporcionándole una visión clara y concreta de su estado tecnológico actual y las mejoras necesarias.

Con una auditoría completa de las infraestructuras y sistemas existentes, su PYME estará mejor preparada para abordar las siguientes etapas de la transformación digital con confianza y conocimiento de causa.

CAPÍTULO 3: ELABORAR UNA ESTRATEGIA DE TRANSFORMACIÓN DIGITAL

Con una evaluación completa de su estado actual en mano, es momento de definir una visión clara y objetivos medibles para su transformación digital. Una estrategia bien pensada es esencial para guiar su empresa a través de las muchas etapas de este proceso. Este capítulo le mostrará cómo definir una visión inspiradora, fijar objetivos SMART, involucrar a las partes interesadas y formar un equipo dedicado para asegurar el éxito de su transformación.

3.1 Definir una visión y objetivos claros

La definición de una visión clara y objetivos medibles es un paso crucial para lograr la transformación digital de su PYME. Una visión bien articulada inspira y guía a toda la empresa, mientras que los objetivos específicos permiten medir los progresos y mantener el rumbo.

Importancia de la visión

La visión para la transformación digital debe ser una declaración inspiradora que capture la esencia de lo que quiere lograr. Debe reflejar la ambición a largo plazo de su empresa en materia de digitalización. Una buena visión debe:

- **Estar alineada con la estrategia global de la empresa**: La visión digital debe complementar la misión y los valores fundamentales de su PYME.
- **Fomentar el compromiso de toda la empresa**: Debe motivar e inspirar a empleados, clientes y socios.
- **Servir de guía en la toma de decisiones**: Una visión clara ayuda a orientar las elecciones estratégicas y operativas.

Ejemplo de visión: "Convertirse en un líder en nuestro sector aprovechando las tecnologías digitales para ofrecer una experiencia excepcional al cliente y optimizar nuestros procesos internos."

Cómo fijar objetivos medibles

Una vez definida la visión, es crucial fijar objetivos específicos, medibles, alcanzables, realistas y temporalmente definidos (SMART). Aquí cómo proceder:

- **Específicos**: Los objetivos deben ser claros y precisos. Evite las generalidades. Por ejemplo, "Aumentar las ventas en línea en un 20% para fin de año" es más

específico que "Mejorar las ventas en línea".
- **Medibles**: Asegúrese de que cada objetivo pueda ser cuantificado. Utilice indicadores clave de rendimiento (KPIs) para seguir los progresos y medir el éxito. Por ejemplo, "Reducir el tiempo de procesamiento de pedidos a menos de 24 horas".
- **Alcanzables**: Los objetivos deben ser realizables con los recursos disponibles. Tenga en cuenta las capacidades de su equipo y las limitaciones presupuestarias. Por ejemplo, "Capacitar al 100% del personal en nuevas tecnologías en seis meses" es un objetivo alcanzable con un plan de formación adecuado.
- **Realistas**: Los objetivos deben ser pertinentes en relación con la situación actual de su empresa y sus prioridades estratégicas. Evite fijar objetivos demasiado ambiciosos o irreales. Por ejemplo, "Lanzar una nueva plataforma de comercio electrónico en seis meses" es realista si tiene los recursos necesarios.
- **Temporalmente definidos**: Fije un plazo para cada objetivo. Esto crea un sentido de urgencia y ayuda a mantener el enfoque. Por ejemplo, "Migrar todos los datos a la nube para el 30 de junio".

Proceso de definición de objetivos

Para definir objetivos SMART, siga estos pasos:

1. **Análisis de necesidades y oportunidades**: Basado en la auditoría digital y el análisis FODA, identifique las áreas prioritarias para su transformación digital.
2. **Consulta a las partes interesadas**: Involucre a los principales actores internos y externos para obtener perspectivas y recomendaciones.
3. **Elaboración de un plan de acción**: Descomponga cada objetivo en tareas específicas con responsables asignados y plazos precisos.

4. **Implementación de mecanismos de seguimiento**: Utilice herramientas de gestión de proyectos y tableros de control para seguir el progreso y ajustar los planes si es necesario.

Al definir una visión inspiradora y objetivos claros y medibles, su PYME estará en condiciones de navegar con confianza en el camino de la transformación digital. Esto crea una hoja de ruta convincente que moviliza los recursos y asegura el alineamiento estratégico en cada etapa del proceso.

3.2 Involucrar a las partes interesadas y formar un equipo dedicado

Para garantizar el éxito de la transformación digital de su PYME, es esencial involucrar a las partes interesadas y formar un equipo dedicado. Esto permite movilizar los recursos necesarios, fomentar la adhesión al proyecto y asegurarse de que todas las competencias requeridas estén disponibles.

Identificación y compromiso de las partes interesadas

Las partes interesadas son todas las personas o grupos que pueden influir o ser influenciados por la transformación digital. Identificarlas y comprometerlas eficazmente es crucial para facilitar la implementación de su estrategia.

- **¿Quiénes son las partes interesadas?**
  - **Internas**: Directivos, gerentes, empleados, departamentos de TI, operaciones, finanzas, marketing, etc.
  - **Externas**: Proveedores, clientes, socios tecnológicos, consultores, inversores.
- **¿Cómo involucrar a las partes interesadas?**
  - **Comunicar la visión y los objetivos**: Comparta claramente la visión estratégica y los objetivos de la transformación digital con todas las partes interesadas.
  - **Recoger feedback**: Anime a las partes interesadas a expresar sus preocupaciones, ideas y expectativas. Organice reuniones, encuestas y talleres para fomentar un diálogo abierto.
  - **Asignar roles y responsabilidades**: Defina claramente los roles de cada parte interesada

en el proyecto. Asigne responsabilidades específicas para garantizar su compromiso y contribución.

Formación y rol del equipo dedicado

La creación de un equipo dedicado a la transformación digital es un paso esencial para pilotar y coordinar el proyecto de manera coherente y eficaz.

- **Composición del equipo dedicado**: El equipo debe ser multidisciplinario, reuniendo las competencias necesarias para el éxito de la transformación digital.
  - **Jefe de proyecto**: Responsable de la coordinación general, la gestión de recursos y la supervisión de los plazos.
  - **Expertos en TI**: Encargados de la implementación técnica, la integración de sistemas y la gestión de infraestructuras tecnológicas.
  - **Analistas de datos**: Especializados en la recopilación, análisis e interpretación de datos para informar las decisiones estratégicas.
  - **Responsables de negocio**: Representantes de los diferentes departamentos de la empresa para alinear las iniciativas digitales con las necesidades específicas de las operaciones.
  - **Especialistas en comunicación**: Velan por una comunicación fluida y transparente en torno al proyecto, tanto interna como externamente.
- **Roles y responsabilidades del equipo dedicado**:
  - **Planificación y coordinación**: Desarrollar un calendario de proyecto, asignar tareas y asegurarse de que los hitos se cumplan.
  - **Supervisión y evaluación**: Seguir los progresos,

- medir el rendimiento respecto a los KPIs definidos y ajustar los planes si es necesario.
- **Formación y apoyo**: Proporcionar formación continua para desarrollar las competencias digitales de los empleados y ofrecer soporte técnico.
- **Gestión del cambio**: Identificar las resistencias al cambio y poner en marcha estrategias para superarlas, como programas de concienciación o incentivos para la adopción de nuevas tecnologías.

Proceso de formación del equipo

Para formar un equipo dedicado eficaz, siga estos pasos:

1. **Reclutamiento interno y externo**: Determine las competencias requeridas y reclute en consecuencia. Puede formar a miembros de su personal existente o contratar nuevos talentos.
2. **Elaboración de la estructura del equipo**: Defina una estructura clara con roles precisos y cadenas de responsabilidad bien establecidas.
3. **Desarrollo de un plan de formación**: Identifique las necesidades de formación y desarrolle programas para mejorar las competencias del equipo.
4. **Implementación de mecanismos de comunicación**: Establezca canales de comunicación eficaces para facilitar la coordinación y la colaboración dentro del equipo y con las partes interesadas externas.

Al involucrar metódicamente a las partes interesadas y formar un equipo dedicado con gran potencial, su PYME maximizará sus posibilidades de éxito en la transformación digital. Esto permitirá una gestión fluida, una mejor sinergia entre los diferentes actores y garantizará que todos los aspectos de la transformación sean debidamente considerados y gestionados.

3.3 Elaborar una hoja de ruta detallada

Para navegar eficazmente en la transformación digital, una hoja de ruta detallada es fundamental. Permite estructurar las iniciativas, definir las prioridades y seguir los progresos a lo largo del proceso. Una hoja de ruta bien diseñada asegura que cada etapa de la transformación esté planificada de manera coherente y realista.

Creación de un plan de acción

El primer paso para elaborar una hoja de ruta es crear un plan de acción detallado. Este plan debe incluir todas las iniciativas, proyectos y actividades necesarias para alcanzar sus objetivos digitales.

- **División del proyecto en fases**: Divida la transformación digital en fases distintas, cada una con sus objetivos específicos. Por ejemplo: evaluación inicial, preparación, implementación y optimización.
- **Detalle de las tareas**: Liste todas las tareas necesarias para cada fase, desde las más pequeñas hasta las más complejas. Asegúrese de que cada tarea esté bien definida y sea comprensible.
- **Recursos necesarios**: Identifique los recursos humanos, tecnológicos y financieros requeridos para cada tarea. Prevea asignaciones presupuestarias para software, hardware, formación, etc.
- **Dependencias y secuencias**: Mencione las dependencias entre las tareas y organícelas en un orden secuencial lógico para evitar bloqueos y cuellos de botella.

Establecer un calendario realista

Un calendario realista es esencial para la implementación efectiva de su hoja de ruta. Ayuda a mantener el proyecto en marcha y a evitar retrasos indebidos.

- **Definición de plazos**: Establezca plazos precisos para cada tarea y fase del proyecto. Sea realista en cuanto a los tiempos necesarios para cada actividad, teniendo en cuenta las contingencias posibles.
- **Fijación de hitos**: Identifique hitos clave a lo largo del proyecto. Estos hitos son puntos de control importantes para evaluar los progresos y ajustar los planes si es necesario.
- **Distribución de la carga de trabajo**: Asegúrese de que la carga de trabajo esté bien distribuida entre los miembros del equipo. Evite sobrecargar a algunos individuos y procure utilizar eficazmente todas las competencias disponibles.
- **Gestión de imprevistos**: Integre márgenes de seguridad en el calendario para gestionar imprevistos o retrasos potenciales. Prepare planes de contingencia para los riesgos identificados.

Seguimiento y ajuste del plan

Para garantizar que su hoja de ruta siga siendo relevante y eficaz a lo largo del proyecto, es crucial implementar mecanismos de seguimiento y ajuste continuo.

- **Herramientas de seguimiento**: Utilice herramientas de gestión de proyectos para seguir el avance de las tareas y fases. Programas como Trello, Asana o Microsoft Project pueden ser útiles para mantener la organización.
- **Medición del rendimiento**: Evalúe regularmente los progresos utilizando los KPIs definidos. Por ejemplo, supervise los índices de finalización de tareas, los costos respecto al presupuesto y los plazos respecto al calendario.
- **Revisiones periódicas**: Organice reuniones regulares para evaluar el estado de avance del proyecto. Estas reuniones permiten compartir los progresos, resolver problemas y tomar decisiones rápidas para ajustar el

plan si es necesario.

- **Feedback continuo**: Fomente una retroalimentación continua por parte de las partes interesadas y los miembros del equipo. Utilice estas perspectivas para mejorar y adaptar la hoja de ruta sobre la marcha.

Conclusión de la hoja de ruta

Al finalizar la hoja de ruta, asegúrese de que esté bien documentada y compartida con todas las partes interesadas relevantes. Esto incluye la comunicación de plazos, hitos, responsabilidades y expectativas. Una buena visibilidad y transparencia en torno a la hoja de ruta facilita la adhesión y el compromiso de todo el equipo.

Al elaborar una hoja de ruta detallada y realista, su PYME dispondrá de un plan estratégico claro para gestionar eficazmente la transformación digital. Esto permitirá coordinar los esfuerzos, maximizar el uso de recursos y seguir los progresos hacia la consecución de los objetivos establecidos.

CAPÍTULO 4: CAMBIAR LA CULTURA EMPRESARIAL

La estrategia por sí sola no es suficiente para lograr una transformación digital exitosa; la cultura empresarial juega un papel igualmente crucial. La transición hacia una organización digital requiere una adaptación de las mentalidades y comportamientos a todos los niveles de la empresa. En este capítulo, abordaremos los medios para sensibilizar y formar a los empleados, fomentar la innovación y la agilidad, y gestionar el cambio superando las resistencias.

4.1 Sensibilizar y formar a los empleados

El éxito de la transformación digital de una PYME depende en gran medida del compromiso y la competencia de sus empleados. Formarlos y sensibilizarlos sobre las nuevas tecnologías y los cambios organizativos es esencial para garantizar una transición fluida y eficaz.

Importancia de la formación continua

Invertir en la formación continua de los empleados permite mantener las competencias actualizadas y asegurar una adaptación rápida a las nuevas tecnologías y procesos. Aquí se explica por qué es crucial:

- **Adaptabilidad a las nuevas tecnologías**: Las tecnologías evolucionan constantemente. La formación continua permite a los empleados mantenerse competentes y productivos frente a estos cambios.
- **Reducción de resistencias**: Los empleados formados y sensibilizados suelen ser menos reacios al cambio, ya que comprenden los beneficios y se sienten más seguros de sus capacidades.
- **Mejora del rendimiento**: El dominio de las herramientas digitales mejora la eficiencia y la calidad del trabajo, lo que puede conducir a un mejor rendimiento global de la empresa.

Programas de sensibilización

La sensibilización es el primer paso para preparar a los empleados para la transformación digital. Debe estar bien planificada y ejecutada para maximizar el impacto.

- **Campañas de información**: Utilice plataformas internas, boletines informativos, carteles y reuniones para informar a los empleados sobre la transformación digital y sus beneficios para la empresa y para ellos

mismos.
- **Talleres de sensibilización**: Organice talleres interactivos donde los empleados puedan hacer preguntas y obtener respuestas directas. Estas sesiones también permiten disipar temores y aclarar malentendidos.
- **Testimonios y ejemplos concretos**: Invite a expertos o representantes de otras empresas que hayan logrado su transformación digital. Sus testimonios pueden inspirar y convencer a sus empleados de la importancia del proyecto.

Desarrollo de competencias digitales

La formación de los empleados debe ser estructurada y adaptada a las necesidades específicas de la empresa y de sus empleados.

- **Evaluación de competencias actuales**: Comience con una evaluación de las competencias digitales actuales de sus empleados. Esto permite identificar las lagunas y diseñar formaciones específicas.
- **Plan de formación personalizado**: Desarrolle planes de formación adaptados a los diferentes niveles de competencia y roles de los empleados. Las formaciones pueden cubrir temas como el uso de software específico, la gestión de datos, la ciberseguridad y las prácticas de trabajo en línea.
- **Formaciones prácticas**: Priorice las formaciones prácticas e interactivas que permitan a los empleados implementar de inmediato lo aprendido. Utilice simulaciones, demostraciones en vivo y ejercicios prácticos.
- **Uso de plataformas de e-learning**: Las plataformas de e-learning ofrecen la flexibilidad necesaria para que los empleados puedan formarse a su propio ritmo. Estas plataformas suelen ofrecer módulos interactivos,

cuestionarios y certificaciones.

Fomentar la autonomía y la autoformación

Además de las formaciones formales, anime a sus empleados a asumir la responsabilidad y continuar formándose de manera autónoma.

- **Acceso a recursos en línea**: Ponga a disposición recursos en línea como tutoriales en video, artículos, seminarios web y foros de discusión.
- **Creación de comunidades de práctica**: Fomente que los empleados compartan sus conocimientos y experiencias a través de grupos de discusión, clubes de lectura tecnológica o reuniones regulares. Estas comunidades pueden ser un excelente medio para difundir las mejores prácticas y fomentar el aprendizaje colectivo.
- **Reconocimiento e incentivos**: Reconozca y recompense a los empleados que demuestren progresos significativos en sus competencias digitales o que animen activamente a sus colegas a formarse. Los incentivos pueden incluir certificaciones, bonificaciones u oportunidades de desarrollo profesional.

Al sensibilizar y formar a sus empleados, no solo los prepara para adaptarse a los cambios inducidos por la transformación digital, sino que también los involucra activamente en este proceso. Esto refuerza su compromiso y motivación, favoreciendo así una transición exitosa y sostenible para su PYME.

4.2 Fomentar la innovación y la agilidad

Para una transformación digital exitosa, es crucial crear un entorno que fomente la innovación y la agilidad dentro de su PYME. Alentar a los empleados a innovar y adoptar metodologías ágiles permite acelerar los procesos de transformación, adaptarse más rápidamente a los cambios y responder eficazmente a las necesidades del mercado.

Creación de un entorno propicio para la innovación

Un entorno propicio para la innovación estimula la creatividad y la experimentación, permitiendo a los empleados proponer ideas nuevas y probarlas.

- **Cultura de la experimentación**: Fomente una cultura que valore la experimentación y no tema el fracaso. Permita que los empleados prueben nuevas ideas sin temor a repercusiones negativas en caso de fracaso. Aprenda de cada experiencia para mejorar los procesos.
- **Fomento de ideas**: Establezca programas como buzones de ideas, hackatones o concursos de innovación donde los empleados puedan presentar sus propuestas. Recompense las ideas más innovadoras e impleméntelas.
- **Formación en creatividad e innovación**: Ofrezca talleres y formaciones sobre técnicas creativas, pensamiento de diseño y métodos de resolución de problemas. Estas competencias pueden ayudar a los empleados a formular y desarrollar ideas innovadoras.

Adopción de metodologías ágiles

Las metodologías ágiles permiten a su empresa adaptarse rápidamente a los cambios, mejorar la colaboración y optimizar la ejecución de proyectos digitales.

- **Principios ágiles**: Adopte principios ágiles como la

iteración rápida, la colaboración estrecha entre equipos, la flexibilidad y la orientación al cliente. Estos principios fomentan una mayor capacidad de respuesta y una mejor adaptación a las necesidades del mercado.
- **Scrum y Kanban**: Utilice marcos ágiles como Scrum y Kanban para estructurar sus proyectos. Scrum se centra en sprints, o ciclos de trabajo cortos, con revisiones regulares para ajustar las prioridades. Kanban, por su parte, visualiza el flujo de trabajo y permite gestionar la carga de trabajo en tiempo real.
- **Equipos multifuncionales**: Forme equipos multifuncionales autónomos capaces de trabajar en proyectos de manera independiente. Estos equipos deben incluir competencias variadas como desarrollo, diseño UX, marketing y gestión de proyectos.

Fomento de la innovación colaborativa

La innovación no debe estar confinada a un solo equipo o departamento. Fomentar la colaboración interdepartamental e involucrar a las partes interesadas externas puede enriquecer el proceso de innovación.

- **Sesiones de lluvia de ideas colaborativas**: Organice sesiones regulares de lluvia de ideas interdepartamentales para generar ideas y resolver problemas. Utilice técnicas como el mind mapping o el Lean Startup para estructurar estas sesiones.
- **Colaboraciones externas**: Colabore con startups, universidades, incubadoras y otros actores externos para beneficiarse de nuevas perspectivas y competencias complementarias. Estas colaboraciones pueden acelerar la innovación al introducir nuevas ideas y tecnologías.
- **Plataformas de colaboración en línea**: Utilice plataformas de colaboración en línea para facilitar el intercambio de ideas y la cooperación entre empleados, incluso a distancia. Herramientas como Slack, Trello o

Microsoft Teams pueden mejorar la comunicación y la gestión de proyectos colaborativos.

Seguimiento y evaluación de la innovación

Para que la innovación se convierta en una parte integral de su empresa, es esencial seguir y evaluar las iniciativas innovadoras de manera continua.

- **KPIs de innovación**: Establezca indicadores clave de rendimiento (KPIs) para seguir la innovación, como el número de ideas generadas, la tasa de implementación de nuevas ideas o el retorno de la inversión de los proyectos innovadores.
- **Feedback y mejora continua**: Implemente mecanismos de retroalimentación regulares para evaluar las iniciativas innovadoras y realizar mejoras continuas. Utilice las lecciones aprendidas para perfeccionar sus procesos y fomentar una innovación aún más eficaz.
- **Celebración de éxitos**: Reconozca y celebre los éxitos innovadores. Ya sea a través de premios, reconocimientos públicos o promociones, valorar los logros refuerza el compromiso de los empleados y estimula aún más la innovación.

Al fomentar la innovación y la agilidad, crea una cultura empresarial dinámica y resiliente, preparada para enfrentar los desafíos de la transformación digital. Esto permite a su PYME mantenerse competitiva, anticiparse a las evoluciones del mercado y generar un crecimiento sostenible y continuo.

4.3 Gestionar el cambio y superar las resistencias

La gestión del cambio es uno de los componentes más delicados de la transformación digital. Las resistencias al cambio son comunes, pero pueden superarse con un enfoque estratégico y empático. Este subcapítulo explora las técnicas para gestionar eficazmente el cambio y minimizar las resistencias.

Estrategias de gestión del cambio

Para facilitar el proceso de transformación digital, es esencial implementar estrategias de gestión del cambio bien definidas.

- **Comunicación transparente**: Informe regularmente a los empleados sobre las razones, los beneficios y las etapas del cambio. Una comunicación abierta reduce las incertidumbres y genera confianza. Utilice diversos canales como reuniones, correos electrónicos, paneles internos y foros de discusión para difundir la información.
- **Liderazgo comprometido**: El apoyo de los líderes es crucial para legitimar el cambio. Los líderes deben encarnar el cambio, dar el ejemplo y estar disponibles para responder a las preguntas y preocupaciones de los empleados. Un liderazgo visible y activo refuerza la credibilidad del proyecto.
- **Planificación participativa**: Incluya a los empleados en la planificación del cambio. Solicite sus ideas y comentarios a través de talleres, encuestas y grupos de trabajo. Este enfoque participativo aumenta la adhesión y proporciona perspectivas valiosas para afinar las estrategias.

Técnicas para superar las resistencias

Las resistencias al cambio pueden tomar diversas formas, desde preocupaciones legítimas hasta comportamientos refractarios. Utilice estas técnicas para superarlas:

- **Identificación temprana de resistencias**: Sea proactivo en la detección de signos de resistencia. Observe los comportamientos, escuche los comentarios y anticipe los desafíos potenciales realizando encuestas anónimas o celebrando reuniones abiertas.
- **Formación y apoyo psicológico**: Ofrezca sesiones de formación para desarrollar las competencias necesarias y mitigar los temores relacionados con lo desconocido. Paralelamente, proporcione apoyo psicológico para ayudar a los empleados a gestionar el estrés y la ansiedad asociados al cambio.
- **Champions del cambio**: Designe "champions del cambio" entre los empleados influyentes que apoyen plenamente la transformación digital. Estos champions pueden motivar a sus colegas, compartir experiencias positivas y actuar como intermediarios entre la dirección y el resto del equipo.
- **Adaptación de procesos**: Sea flexible y esté dispuesto a ajustar los procesos en función de los comentarios de los empleados. Por ejemplo, si una nueva tecnología o proceso encuentra una resistencia importante, reevalúe su implementación y explore alternativas menos perturbadoras.

Medidas incentivadoras y reconocimiento

Los incentivos y el reconocimiento juegan un papel clave para alentar la adopción del cambio y mantener la motivación de los empleados.

- **Incentivos materiales e inmateriales**: Ofrezca incentivos materiales (bonificaciones, promociones) e inmateriales (reconocimiento público, oportunidades de desarrollo) para recompensar los esfuerzos y el

compromiso de los empleados en la transformación digital.
- **Celebración de éxitos**: Organice eventos para celebrar los logros, ya sea la finalización de una fase del proyecto, la adopción de una nueva herramienta o el cumplimiento de los objetivos fijados. Este reconocimiento refuerza la motivación y el espíritu de equipo.
- **Feedback constructivo**: Proporcione retroalimentación constructiva y regular. Reconozca los esfuerzos individuales y colectivos, y proponga vías de mejora para mantener la dinámica del cambio.

Evaluación y ajuste continuos

La gestión del cambio es un proceso dinámico que requiere evaluación y ajuste continuos.

- **Seguimiento de los progresos**: Utilice indicadores de rendimiento para seguir el avance de las iniciativas de transformación digital y medir el impacto del cambio en la organización. Las encuestas de satisfacción, las evaluaciones de formación y los informes de actividades son herramientas útiles en este sentido.
- **Ajuste de estrategias**: En función de los resultados obtenidos y los comentarios de los empleados, ajuste las estrategias de gestión del cambio. Esté dispuesto a recalibrar los planes, reasignar recursos y modificar las metodologías para responder mejor a las necesidades de la empresa y sus empleados.
- **Aprendizaje organizacional**: Fomente un entorno de aprendizaje continuo donde las lecciones aprendidas se compartan e integren en las prácticas futuras. Esto refuerza la resiliencia organizacional y prepara a la empresa para gestionar mejor los cambios posteriores.

Al implementar estrategias de gestión del cambio bien planificadas y abordar las resistencias con empatía y pragmatismo, su PYME estará mejor equipada para lograr una transformación digital exitosa. Esto conducirá a una organización más ágil, innovadora y preparada para enfrentar los desafíos del futuro digital.

CAPÍTULO 5: IMPLEMENTAR TECNOLOGÍAS DIGITALES

Una vez que la cultura empresarial esté alineada con su visión digital, es momento de concentrarse en la implementación de las tecnologías adecuadas. La elección de herramientas y soluciones tecnológicas es crucial para modernizar sus procesos y mejorar su eficiencia operativa. Este capítulo explora las diferentes opciones tecnológicas, desde la gestión de relaciones con clientes (CRM) hasta la migración a la nube, pasando por la seguridad informática y la protección de datos.

5.1 Elección de soluciones tecnológicas adecuadas (CRM, ERP, herramientas colaborativas, etc.)

La elección de las soluciones tecnológicas adecuadas para su PYME es un paso crucial en el proceso de transformación digital. Las herramientas deben no solo satisfacer las necesidades actuales de la empresa, sino también ser lo suficientemente flexibles para adaptarse a las evoluciones futuras. Este subcapítulo explora cómo seleccionar e implementar las principales soluciones tecnológicas como el CRM, el ERP y las herramientas colaborativas.

Criterios de selección de herramientas

Para elegir las soluciones tecnológicas adecuadas, es importante tener en cuenta varios criterios:

- **Necesidades específicas de la empresa**: Comience por analizar sus necesidades específicas. ¿Qué procesos desea mejorar o automatizar? ¿Cuáles son las deficiencias de sus sistemas actuales?
- **Escalabilidad**: Las soluciones deben ser capaces de crecer con su empresa. Asegúrese de que el software pueda gestionar un aumento del volumen de datos, usuarios y transacciones.
- **Integración**: Las tecnologías deben poder integrarse fácilmente con sus sistemas existentes. Una buena integración minimiza las interrupciones y simplifica los flujos de trabajo.
- **Facilidad de uso**: Las herramientas deben ser intuitivas y fáciles de usar para todo el personal. Una interfaz amigable acelera la adopción y reduce las necesidades de formación.
- **Costo total de propiedad**: Evalúe no solo el costo inicial de compra e implementación, sino también los

costos recurrentes como suscripciones, mantenimiento y actualizaciones.
- **Seguridad y conformidad**: Asegúrese de que las soluciones cumplan con las normas de seguridad y conformidad pertinentes para su sector. La protección de datos e información sensible es primordial.

Presentación de las principales soluciones disponibles

CRM (Gestión de relaciones con clientes)

El CRM es esencial para gestionar las relaciones con los clientes, optimizar las ventas y mejorar la satisfacción del cliente.

- **Principales funcionalidades**: Gestión de contactos, seguimiento de interacciones con clientes, gestión de oportunidades, automatización de ventas, análisis y reportes.
- **Ejemplos de soluciones**: Salesforce, HubSpot CRM, Zoho CRM, Microsoft Dynamics 365.
- **Ventajas para las PYME**: Mejor conocimiento de los clientes, seguimiento eficiente de las ventas, personalización de interacciones y mejora de la fidelización de clientes.

ERP (Planificación de recursos empresariales)

El ERP permite centralizar las diferentes funciones de la empresa, como la contabilidad, los recursos humanos, la producción y el aprovisionamiento, en un sistema integrado.

- **Principales funcionalidades**: Gestión financiera, gestión de la cadena de suministro, gestión de recursos humanos, gestión de la producción, reportes y análisis.
- **Ejemplos de soluciones**: SAP Business One, Oracle NetSuite, Odoo, Microsoft Dynamics 365 Finance and Operations.
- **Ventajas para las PYME**: Centralización de datos,

reducción de silos de información, mejora de la eficiencia operativa y mejor toma de decisiones gracias a datos consolidados.

Herramientas colaborativas

Las herramientas colaborativas facilitan la comunicación y la cooperación entre los equipos, especialmente en entornos de trabajo remoto o dispersos geográficamente.

- **Principales funcionalidades**: Mensajería instantánea, gestión de proyectos, compartición de documentos, videoconferencias, paneles compartidos.
- **Ejemplos de soluciones**: Microsoft Teams, Slack, Trello, Asana, Google Workspace.
- **Ventajas para las PYME**: Mejora de la comunicación interna, aumento de la productividad, coordinación facilitada de proyectos y colaboración en tiempo real.

Proceso de implementación

Una vez seleccionadas las soluciones, su implementación debe ser planificada y ejecutada de manera estructurada.

- **Evaluación de los procesos actuales**: Analice los procesos actuales para identificar puntos de fricción y áreas de mejora. Utilice esta información para configurar correctamente las nuevas soluciones.
- **Planificación de la implementación**: Desarrolle un plan detallado que incluya las etapas de implementación, responsabilidades del equipo, calendario y recursos necesarios.
- **Formación de los usuarios**: Organice sesiones de formación para familiarizar a los empleados con las nuevas tecnologías. Asegúrese de que la formación cubra las funcionalidades clave y las mejores prácticas.
- **Pruebas y ajustes**: Antes del despliegue completo, realice pruebas para verificar que los sistemas funcionen como se espera. Recoja los comentarios de los usuarios y

realice los ajustes necesarios.
- **Despliegue y soporte**: Lance la solución a nivel empresarial y asegure un soporte técnico continuo para resolver posibles problemas y ayudar a los usuarios a adaptarse.

Al elegir e implementar las soluciones tecnológicas adecuadas, su PYME podrá optimizar sus procesos, mejorar la satisfacción de sus clientes y mantenerse competitiva en un entorno digital en constante evolución.

5.2 Migración a la nube y gestión de datos

La migración a la nube constituye una etapa clave en la transformación digital de las PYME. Esta transición ofrece una flexibilidad incrementada, una mejor gestión de datos y ahorros sustanciales. Este punto aborda las ventajas del cloud computing, las etapas para una migración exitosa y las mejores prácticas para la gestión de datos en la nube.

Ventajas del cloud computing

El cloud computing presenta varios beneficios importantes para las PYME:

- **Flexibilidad y escalabilidad**: La nube permite ajustar fácilmente los recursos en función de las necesidades de la empresa, ya sea para aumentar o reducir las capacidades de almacenamiento y procesamiento.
- **Reducción de costos**: Al eliminar las inversiones iniciales significativas en hardware y transferir los costos de mantenimiento a proveedores de servicios en la nube, las PYME pueden lograr importantes ahorros.
- **Accesibilidad**: Los datos y aplicaciones alojados en la nube son accesibles en cualquier momento y desde cualquier lugar, facilitando el trabajo remoto y la colaboración.
- **Seguridad y conformidad**: Los proveedores de servicios en la nube invierten en soluciones de seguridad avanzadas y cumplen con las normas de conformidad, garantizando la protección de los datos sensibles.
- **Actualizaciones automáticas**: Los servicios en la nube se actualizan regularmente con las últimas funcionalidades y correcciones, evitando interrupciones y costos asociados con actualizaciones manuales.

Etapas para una migración exitosa

Una migración a la nube requiere una planificación minuciosa y una ejecución rigurosa. Aquí están las etapas esenciales para lograr esta transición:

1. **Evaluación inicial**:
   - **Análisis de necesidades**: Identifique las aplicaciones y datos a migrar, determinando su criticidad y requisitos específicos.
   - **Elección del modelo de nube**: Decida el tipo de despliegue apropiado para su PYME (pública, privada, híbrida) según las necesidades de seguridad, rendimiento y costo.

2. **Planificación de la migración**:
   - **Hoja de ruta**: Elabore una hoja de ruta detallada que incluya las fases de migración, responsabilidades del equipo y calendario.
   - **Asignación de recursos**: Asigne los recursos humanos y técnicos necesarios para ejecutar el plan, incluyendo potencialmente socios externos o consultores.

3. **Preparación de datos**:
   - **Limpieza de datos**: Elimine los datos redundantes y obsoletos para reducir el volumen a migrar y mejorar la calidad de los datos.
   - **Seguridad de datos**: Cifre los datos sensibles antes de la migración para garantizar su seguridad durante el traslado.

4. **Ejecución de la migración**:
   - **Pruebas de migración**: Realice migraciones de prueba en entornos de desarrollo para identificar y resolver posibles problemas antes de migrar los datos en producción.
   - **Migración progresiva**: Migre aplicaciones y

datos por etapas, comenzando con los componentes menos críticos para minimizar riesgos.

5. **Validación y optimización**:
   - **Pruebas de validación**: Verifique la integridad y rendimiento de los datos y aplicaciones migrados para asegurarse de que funcionen según lo previsto.
   - **Optimización de configuraciones**: Ajuste las configuraciones en la nube según el rendimiento y las necesidades de la empresa, optimizando costos y rendimiento.

Gestión de datos en la nube

Una vez migrados los datos a la nube, su gestión eficaz es crucial para garantizar la seguridad, la conformidad y la disponibilidad.

- **Políticas de gobernanza de datos**: Establezca políticas claras para la gestión de datos, incluyendo la responsabilidad de la seguridad, los accesos y la conformidad regulatoria.
- **Copias de seguridad y restauración**: Implemente soluciones robustas de copias de seguridad y procesos de recuperación ante desastres para proteger los datos contra pérdidas e interrupciones.
- **Monitoreo y gestión del rendimiento**: Utilice herramientas de monitoreo para seguir el rendimiento de aplicaciones y datos en la nube. Identifique cuellos de botella y realice los ajustes necesarios.
- **Control de costos**: Supervise el consumo de recursos en la nube y optimice las configuraciones para evitar gastos innecesarios. Aproveche las opciones de precios flexibles como instancias reservadas o spot para reducir costos.
- **Formación continua**: Asegúrese de que los empleados

estén capacitados en las mejores prácticas de gestión de datos en la nube y comprendan los procedimientos de seguridad y conformidad.

Al migrar a la nube y optimizar la gestión de datos, su PYME se beneficiará de una infraestructura flexible y segura, capaz de responder a las necesidades cambiantes de la empresa y fomentar un crecimiento sostenible.

5.3 Seguridad informática y protección de datos

La seguridad informática y la protección de datos son elementos críticos de la transformación digital para cualquier PYME. Es imperativo implementar medidas robustas para proteger los datos sensibles contra las ciberamenazas y garantizar la conformidad con las regulaciones vigentes. Este subcapítulo explora las principales amenazas de seguridad, las mejores prácticas para asegurar los sistemas y datos, así como las soluciones para garantizar la protección continua de la información.

Principales amenazas y vulnerabilidades

Las PYME son particularmente vulnerables a los ciberataques debido a recursos a menudo limitados para defenderse. Aquí algunas de las principales amenazas:

- **Malware**: Los virus, gusanos, troyanos y ransomware pueden infectar los sistemas, robar datos o hacer que los archivos sean inaccesibles.
- **Phishing y ingeniería social**: Los ataques de phishing explotan la confianza de los empleados para obtener información sensible o introducir malware.
- **Ataques DDoS**: Estos ataques buscan hacer que los servicios en línea sean inaccesibles al saturar los servidores con solicitudes.
- **Fallos de seguridad internos**: Los errores humanos, permisos inapropiados y configuraciones incorrectas pueden crear vulnerabilidades que los ciberdelincuentes explotan.
- **Falta de actualizaciones**: Los software no actualizados pueden contener fallos de seguridad conocidos utilizados por los atacantes para acceder a los sistemas.

Mejores prácticas para asegurar los datos

Para proteger eficazmente sus sistemas y datos, implemente las siguientes mejores prácticas de seguridad:

- **Seguridad de redes**: Utilice cortafuegos, sistemas de detección y prevención de intrusiones (IDS/IPS) y VPNs para asegurar las comunicaciones de red y proteger los perímetros de la empresa.
- **Gestión de accesos**: Implemente controles de acceso basados en roles (RBAC) y el principio del menor privilegio, donde los usuarios solo tienen acceso a los datos y sistemas necesarios para su trabajo.
- **Cifrado de datos**: Cifre los datos en tránsito y en reposo para impedir el acceso no autorizado. Utilice protocolos seguros como HTTPS para las comunicaciones en línea.
- **Autenticación multifactor (MFA)**: Refuerce la seguridad de las cuentas de usuario con la autenticación multifactor, combinando algo que el usuario conoce (contraseña) y algo que posee (token, smartphone).
- **Actualizaciones y parches**: Mantenga actualizados todos los software, sistemas operativos y aplicaciones con los últimos parches de seguridad para cerrar vulnerabilidades conocidas.

Soluciones para la protección continua de datos

Además de implementar las mejores prácticas, es crucial adoptar soluciones avanzadas para una protección continua de los datos y sistemas:

- **Antivirus y antimalware**: Utilice software antivirus y antimalware para detectar, bloquear y eliminar malware. Asegúrese de que estas herramientas estén actualizadas y realicen análisis regulares.
- **Monitoreo y análisis de amenazas**: Despliegue sistemas de monitoreo continuo para detectar comportamientos anómalos y signos de intrusión. Las herramientas de gestión de eventos e información de seguridad (SIEM)

pueden ayudar a centralizar y analizar los registros de actividades.

- **Copias de seguridad regulares**: Realice copias de seguridad regulares y automatizadas de todos los datos críticos. Almacene las copias de seguridad en ubicaciones seguras y pruebe regularmente los procedimientos de restauración para asegurarse de que funcionen correctamente.
- **Planes de respuesta a incidentes**: Elabore y documente planes de respuesta a incidentes para reaccionar rápidamente en caso de ciberataque. Asegúrese de que el personal conozca los procedimientos a seguir y que existan mecanismos de comunicación claros.
- **Formación en seguridad**: Organice formaciones regulares en ciberseguridad para sensibilizar a los empleados sobre las amenazas comunes y las mejores prácticas. Fomente una cultura de vigilancia y conformidad en la empresa.

Conformidad con las regulaciones

La protección de datos no se refiere solo a la seguridad técnica; también incluye el cumplimiento de las regulaciones vigentes que rigen la gestión de datos:

- **RGPD (Reglamento General de Protección de Datos)**: Si su PYME recopila o procesa datos personales de individuos residentes en la UE, asegúrese de cumplir con los requisitos del RGPD, incluyendo los derechos de las personas, las obligaciones de seguridad y las normas de transparencia.
- **HIPAA (Ley de Portabilidad y Responsabilidad de Seguros de Salud)**: Para las empresas que operan en el sector de la salud, la conformidad con las normas HIPAA es esencial para proteger la información de salud de los pacientes.
- **PCI DSS (Estándar de Seguridad de Datos de la

Industria de Tarjetas de Pago): Si gestiona transacciones con tarjeta de crédito, debe cumplir con las normas PCI DSS para garantizar la seguridad de la información de pago.

Al implementar medidas robustas de seguridad informática y protección de datos, su PYME puede protegerse contra ciberamenazas, proteger la información sensible y garantizar la continuidad de las operaciones. Además, el cumplimiento de las regulaciones de protección de datos refuerza la confianza de los clientes y las relaciones comerciales, asegurando así la sostenibilidad y el éxito de su empresa en la era digital.

CAPÍTULO 6: DIGITALIZACIÓN DE LOS PROCESOS EMPRESARIALES

Con las tecnologías adecuadas en su lugar, el siguiente paso consiste en digitalizar sus procesos empresariales para maximizar la eficiencia y reducir los costos. La automatización de tareas repetitivas y la optimización de procesos pueden transformar la manera en que su empresa funciona a diario. En este capítulo, examinaremos cómo utilizar la IA para mejorar la productividad y presentaremos ejemplos concretos de digitalización exitosa en los ámbitos de finanzas, marketing y recursos humanos.

6.1 Automatización de tareas repetitivas y optimización de procesos

La automatización de tareas repetitivas y la optimización de procesos son elementos clave para mejorar la eficiencia operativa y reducir los costos en una PYME. Al aprovechar la automatización, las empresas pueden liberar tiempo y recursos para centrarse en actividades de mayor valor añadido.

Identificación de tareas a automatizar

Para maximizar los beneficios de la automatización, es esencial identificar los procesos y tareas más adecuados para la automatización.

- **Tareas repetitivas y de bajo valor añadido**: Las actividades que se repiten frecuentemente y que no requieren una intervención humana compleja son ideales para la automatización. Esto incluye la entrada de datos, el procesamiento de pedidos y la actualización de bases de datos.
- **Procesos basados en reglas**: Los procesos que siguen reglas o procedimientos específicos pueden ser automatizados con sistemas capaces de ejecutar estas reglas de manera sistemática.
- **Tareas que requieren alta precisión**: Las tareas donde los errores humanos pueden tener consecuencias significativas, como la contabilidad y la gestión de inventarios, se benefician de la automatización para mejorar la precisión.

Herramientas y tecnologías de automatización

Diversas herramientas y tecnologías permiten automatizar las tareas repetitivas y optimizar los procesos en una PYME.

- **Robotización de Procesos (RPA)**: Los software de RPA utilizan robots de software para automatizar tareas repetitivas y rutinarias. Pueden imitar acciones humanas en interfaces de usuario como clics, entrada de datos y navegación en sistemas.
  - **Ejemplos**: UiPath, Blue Prism, Automation Anywhere.
- **Scripts y Macros**: Los scripts y macros son programas simples diseñados para automatizar tareas específicas en aplicaciones comunes como Excel o sistemas de gestión de bases de datos.
  - **Ejemplos**: VBA para Excel, scripts SQL para automatizar consultas.
- **Automatización de Flujos de Trabajo**: Las herramientas de automatización de flujos de trabajo ayudan a orquestar y automatizar procesos empresariales complejos conectando varios sistemas y aplicaciones.
  - **Ejemplos**: Make, Zapier, Microsoft Power Automate, Nintex.
- **Chatbots y Asistentes Virtuales**: Estas herramientas automatizan las interacciones con clientes y empleados, especialmente para preguntas frecuentes o soporte técnico.
  - **Ejemplos**: Chatfuel, Tars, IBM Watson Assistant.
- **Sistemas de Gestión de Contenidos (CMS) Automatizados**: Los CMS automatizados gestionan y publican contenido digitalizado sin intervención humana constante.
  - **Ejemplos**: WordPress con plugins de automatización, Contentful.

Pasos para implementar la automatización

La implementación de la automatización debe ser planificada cuidadosamente para asegurar el éxito del proyecto y maximizar los beneficios.

1. **Análisis de procesos existentes**:
   - Realice un mapeo de los procesos actuales para identificar puntos de fricción, ineficiencias y oportunidades de automatización.
   - Priorice los procesos según su frecuencia, complejidad e impacto potencial en la empresa.
2. **Selección de herramientas de automatización**:
   - Elija las tecnologías y herramientas adecuadas según las necesidades específicas de su PYME y los procesos identificados para la automatización.
   - Considere criterios como facilidad de integración, usabilidad y costo.
3. **Desarrollo y pruebas**:
   - Desarrolle flujos de trabajo automatizados y pruébelos en entornos controlados para validar su eficacia.
   - Involucre a usuarios clave en las pruebas para recopilar retroalimentación y refinar las soluciones.
4. **Despliegue progresivo**:
   - Despliegue la automatización por fases, comenzando con los procesos menos críticos para minimizar riesgos.
   - Supervise el rendimiento y ajuste los parámetros según sea necesario para optimizar los resultados.
5. **Formación y cambio organizacional**:

- Capacite a los empleados en el uso de las nuevas herramientas y el seguimiento de los procesos automatizados.
- Adopte una estrategia de gestión del cambio para facilitar la aceptación e integración de la automatización en la cultura empresarial.

6. **Evaluación y mejora continua**:
    - Monitoree los indicadores clave de rendimiento (KPIs) para evaluar el impacto de la automatización en la eficiencia, calidad y costos operativos.
    - Continúe explorando nuevas oportunidades de automatización y ajuste los procesos existentes para maximizar los beneficios a largo plazo.

Al implementar la automatización de tareas repetitivas y optimizar los procesos, su PYME puede ganar en eficiencia, reducir costos y mejorar la precisión y calidad de las operaciones. Esto también permite liberar tiempo y recursos para centrarse en iniciativas estratégicas y de mayor valor añadido.

6.2 Utilización de la IA para mejorar la productividad

La inteligencia artificial (IA) ofrece capacidades revolucionarias para mejorar la productividad de las PYME. Al automatizar tareas complejas, proporcionar análisis profundos y ofrecer soluciones inteligentes, la IA puede transformar la manera en que las empresas funcionan. Este subcapítulo explora las aplicaciones prácticas de la IA para mejorar la productividad y presenta ejemplos concretos de implementación.

Aplicaciones prácticas de la IA en las PYME

La IA puede aplicarse a diversos ámbitos operativos para mejorar la eficiencia y la toma de decisiones.

- **Automatización robótica de procesos (RPA) con IA**: Las soluciones RPA que integran capacidades de IA pueden automatizar tareas más complejas que requieren toma de decisiones. Por ejemplo, la IA puede analizar documentos, extraer información relevante y tomar decisiones basadas en reglas predefinidas.
    - **Ejemplo**: Automatización del procesamiento de facturas, donde la IA reconoce y extrae datos de facturas digitalizadas, valida la información e inicia los pagos.
- **Análisis predictivo**: Utilizar algoritmos de aprendizaje automático para analizar datos históricos y predecir tendencias futuras. Esto permite a las PYME tomar decisiones basadas en datos, optimizar inventarios y planificar recursos de manera más eficiente.
    - **Ejemplo**: Predicción de la demanda basada en

ventas pasadas y tendencias del mercado para optimizar la gestión de inventarios.
- **Servicio al cliente con chatbots y asistentes virtuales**: Los chatbots impulsados por IA pueden gestionar las consultas de los clientes de manera continua e instantánea, mejorando la experiencia del cliente y reduciendo la carga de trabajo de los equipos de soporte.
  - **Ejemplo**: Un chatbot en el sitio web de la empresa que ayuda a los clientes a encontrar información, realizar pedidos o resolver problemas comunes sin intervención humana.
- **Personalización de ofertas de marketing**: La IA puede analizar los comportamientos de los clientes y segmentar la audiencia para crear campañas de marketing personalizadas y dirigidas, aumentando así las tasas de conversión y la satisfacción del cliente.
  - **Ejemplo**: Uso de la IA para personalizar los boletines según las preferencias y los historiales de compra de los clientes.
- **Optimización de procesos de reclutamiento**: Las herramientas de IA pueden analizar CVs, preseleccionar candidatos e incluso realizar entrevistas virtuales, haciendo que el proceso de reclutamiento sea más rápido y eficiente.
  - **Ejemplo**: Análisis de CVs recibidos para identificar a los candidatos que mejor cumplen con los criterios del puesto.

Ejemplos de mejora de la productividad

Los siguientes ejemplos concretos ilustran cómo la IA puede mejorar la productividad en una PYME:
- **Automatización del procesamiento de correos**

electrónicos: La IA puede clasificar y responder automáticamente a ciertos correos electrónicos, reduciendo el tiempo que los empleados pasan clasificando correos y permitiendo una gestión más eficiente de las comunicaciones.

- **Ejemplo**: Un sistema de IA que filtra los correos electrónicos según su contenido y los dirige a los departamentos apropiados o genera respuestas automáticas para consultas comunes.

· **Gestión inteligente de la cadena de suministro**: Las soluciones de IA pueden optimizar la cadena de suministro al prever las interrupciones de stock, identificar a los proveedores más eficientes y optimizar los niveles de inventario para reducir costos y plazos.

- **Ejemplo**: Uso de la IA para prever las necesidades de producción y ajustar los pedidos de materias primas en consecuencia.

· **Soporte IT automatizado**: Los asistentes virtuales y sistemas de IA pueden proporcionar soporte técnico de primer nivel, diagnosticar problemas comunes y ofrecer soluciones instantáneas.

- **Ejemplo**: Un asistente virtual que ayuda a los empleados a resolver problemas informáticos comunes como reinicios de contraseñas o configuraciones de software.

Pasos para integrar la IA en su PYME

Para aprovechar la IA y mejorar la productividad, siga estos pasos:

1. **Identificación de casos de uso**:
   - Evalúe los procesos actuales para identificar las áreas donde la IA puede aportar mejoras

significativas. Concéntrese en las tareas repetitivas, los procesos de toma de decisiones basados en datos y los ámbitos que requieren interacciones con clientes.

2. **Selección de herramientas y socios**:
   - Elija soluciones de IA que respondan a sus necesidades específicas. Colabore con proveedores de tecnología y socios expertos para garantizar una implementación eficaz.

3. **Recopilación y preparación de datos**:
   - Asegúrese de tener acceso a datos pertinentes y de alta calidad que alimentarán los modelos de IA. La calidad de los datos es crucial para obtener predicciones precisas y útiles.

4. **Desarrollo y pruebas**:
   - Desarrolle modelos de IA adaptados a sus necesidades y pruébelos en un entorno piloto para evaluar su rendimiento e impacto. Involucre a sus equipos desde el principio para ajustar los parámetros y optimizar los resultados.

5. **Despliegue y formación**:
   - Despliegue las soluciones de IA en toda la empresa y capacite a los empleados en su uso. Asegúrese de que el personal comprenda los beneficios de la IA y sepa cómo utilizarla eficazmente.

6. **Monitoreo y mejora continua**:
   - Monitoree el rendimiento de las soluciones de IA utilizando KPIs específicos. Recopile retroalimentación de los usuarios y itere sobre los modelos para mejorarlos continuamente.

Al integrar la IA en los procesos de su PYME,

puede revolucionar su manera de trabajar, mejorar la productividad y aumentar su competitividad. Esto permite liberar recursos humanos para tareas de mayor valor añadido, al tiempo que ofrece soluciones inteligentes y eficaces para sus desafíos operativos.

6.3 Ejemplos de digitalización exitosa en los ámbitos: finanzas, marketing, RH

La digitalización ofrece oportunidades únicas para transformar las operaciones en diversos ámbitos de una empresa. Al adoptar tecnologías digitales, las PYME pueden mejorar la eficiencia, la precisión y la satisfacción del cliente. Este subcapítulo presenta ejemplos concretos de digitalización exitosa en los sectores de finanzas, marketing y recursos humanos (RH).

Finanzas

La digitalización en el ámbito financiero permite una gestión más transparente, eficiente y precisa de los recursos financieros de la empresa.

- **Automatización de la contabilidad**: Al utilizar software de contabilidad automatizada, las PYME pueden simplificar los procesos contables, reducir costos y minimizar errores humanos.
    - **Ejemplo**: Una PYME adopta un software como QuickBooks para automatizar la entrada de facturas, la conciliación bancaria y la generación de informes financieros. Los contables pueden centrarse en el análisis y la estrategia financiera en lugar de tareas repetitivas.
- **Gestión de pagos y facturación**: Las plataformas de pago en línea y las soluciones de facturación electrónica reducen el tiempo y esfuerzo necesarios para gestionar las transacciones.
    - **Ejemplo**: Al utilizar Stripe para los pagos en línea y Zoho Invoice para la facturación

electrónica, una PYME puede acelerar los ciclos de facturación, mejorar la liquidez y ofrecer una mejor experiencia a los clientes.
- **Análisis financiero en tiempo real**: Las herramientas de business intelligence permiten seguir el rendimiento financiero en tiempo real e identificar rápidamente tendencias y anomalías.
  - **Ejemplo**: Una PYME utiliza Power BI para crear paneles interactivos y visualizar indicadores financieros clave, permitiendo a los directivos tomar decisiones más informadas y rápidas.

Marketing

El marketing digital transforma la manera en que las empresas alcanzan e interactúan con sus clientes, ofreciendo medios más eficaces y medibles para promocionar productos y servicios.

- **Marketing por correo electrónico automatizado**: Las plataformas de marketing por correo electrónico automatizado permiten personalizar las comunicaciones y nutrir a los prospectos de manera dirigida.
  - **Ejemplo**: Al utilizar Mailchimp, una PYME crea campañas de correo electrónico segmentadas basadas en el comportamiento de los usuarios, aumentando así la tasa de conversión y la fidelización de los clientes.
- **Campañas de publicidad en línea**: Las herramientas de gestión de anuncios en redes sociales y motores de búsqueda ofrecen una manera dirigida y medible de promocionar productos.
  - **Ejemplo**: Con Google Ads y Facebook Ads, una PYME puede lanzar campañas publicitarias

dirigidas en función de los datos demográficos y los intereses de los usuarios, optimizando así el retorno de la inversión publicitaria.
- **Análisis del rendimiento del marketing**: Las plataformas de análisis de marketing proporcionan información detallada sobre la eficacia de las campañas y el comportamiento de los clientes.
    - **Ejemplo**: Uso de Google Analytics para seguir el tráfico web, medir el compromiso de los usuarios y analizar las conversiones, permitiendo ajustar las estrategias de marketing en función de los datos.

Recursos Humanos (RH)

La digitalización de los procesos de RH mejora la eficiencia de la gestión del personal, la nómina, el reclutamiento y el rendimiento.

- **Sistemas de gestión de recursos humanos (HRIS)**: Los HRIS centralizan todos los aspectos de la gestión del personal, la nómina y los beneficios sociales, reduciendo las tareas administrativas y mejorando la precisión de los datos.
    - **Ejemplo**: Una PYME implementa BambooHR para gestionar los registros de los empleados, el seguimiento de las ausencias y la gestión de beneficios, simplificando así los procesos administrativos y fomentando el compromiso de los empleados.
- **Reclutamiento en línea y onboarding**: Las plataformas de reclutamiento y onboarding permiten racionalizar el proceso de contratación, desde la publicación de ofertas de trabajo hasta la integración de nuevos empleados.
    - **Ejemplo**: Uso de LinkedIn Recruiter para

encontrar y contratar talentos, seguido por el uso de la herramienta de onboarding de Workable para integrar a los nuevos empleados de manera estructurada y eficaz.
- **Evaluación y formación**: Los sistemas de evaluación del rendimiento y las plataformas de formación en línea crean un entorno propicio para el crecimiento y desarrollo de los empleados.
  - **Ejemplo**: Una PYME utiliza ClearCompany para evaluaciones de rendimiento continuas y plataformas como Coursera para ofrecer formación continua a los empleados, garantizando un desarrollo profesional constante.

Al adoptar soluciones digitales en los ámbitos de finanzas, marketing y recursos humanos, las PYME pueden no solo mejorar la eficiencia y precisión de las operaciones, sino también fortalecer su capacidad para reaccionar rápidamente a los cambios del mercado y las necesidades de los clientes. Estos ejemplos ilustran cómo las tecnologías digitales pueden transformar y optimizar los procesos internos, ofreciendo ventajas competitivas significativas.

CAPÍTULO 7: COMPROMISO DE LOS CLIENTES EN LA ERA DIGITAL

Finalmente, una transformación digital exitosa no puede completarse sin un sólido compromiso con el cliente. Las herramientas digitales ofrecen posibilidades inéditas para mejorar la experiencia del cliente y fidelizar a su clientela. Este capítulo se centra en las estrategias para involucrar a los clientes en la era digital, utilizando herramientas como los CRM, las soluciones omnicanal, y optimizando la gestión de la relación con el cliente para crear experiencias personalizadas y efectivas.

7.1 Mejorar la experiencia del cliente con herramientas digitales

La experiencia del cliente es un factor determinante para la fidelización y la satisfacción de los clientes. Las herramientas digitales ofrecen numerosas oportunidades para mejorar esta experiencia, haciendo que las interacciones sean más fluidas, personalizadas y eficientes. Este subcapítulo explora cómo las PYMES pueden usar diversas herramientas digitales para transformar la experiencia del cliente.

Herramientas para una mejor gestión de la relación con el cliente (CRM)

Los sistemas de gestión de la relación con el cliente (CRM) centralizan la información de los clientes y facilitan la gestión de las interacciones y los datos de los clientes.

- **Personalización de las interacciones**: Un CRM permite seguir las preferencias, el historial de compras y las interacciones pasadas de cada cliente. Las PYMES pueden personalizar sus comunicaciones y ofertas específicas.
  - **Ejemplo**: Uso de Salesforce para enviar recomendaciones de productos basadas en compras anteriores y los intereses de los clientes.
- **Automatización de procesos**: Las herramientas CRM automatizan tareas como el envío de correos electrónicos de seguimiento, la gestión de leads y la segmentación de datos de clientes, mejorando la eficiencia y la capacidad de respuesta.
  - **Ejemplo**: HubSpot CRM para automatizar correos electrónicos de bienvenida y

agradecimiento, reforzando así el compromiso de los clientes desde su primera interacción.

Experiencia omnicanal

Ofrecer una experiencia de cliente coherente y armoniosa en todos los canales de comunicación es esencial para cumplir con las expectativas modernas de los clientes.

- **Integración de canales**: Asegúrese de que las interacciones de los clientes estén integradas y sean rastreadas en todos los canales (correo electrónico, chat, teléfono, redes sociales) para ofrecer una experiencia continua y sin interrupciones.
  - **Ejemplo**: Uso de Zendesk para centralizar las interacciones con los clientes provenientes de diversos canales y ofrecer una asistencia coherente y rápida.
- **Plataformas de comercio electrónico avanzadas**: Las plataformas de comercio electrónico pueden ofrecer experiencias de compra personalizadas, recomendaciones de productos y procesos de pedido simplificados.
  - **Ejemplo**: Shopify permite personalizar la tienda según el comportamiento de los visitantes, ofrecer sugerencias de productos y simplificar el proceso de pago para una experiencia de compra optimizada.

Comentarios e interacción en tiempo real

Recoger comentarios en tiempo real e interactuar proactivamente con los clientes permite mejorar continuamente la experiencia del cliente.

- **Herramientas de feedback del cliente**: Use encuestas en línea, cuestionarios y herramientas de retroalimentación para recoger la opinión de los clientes sobre sus experiencias e identificar áreas de

mejora.
- ○ **Ejemplo**: SurveyMonkey para enviar encuestas post-compra y recopilar comentarios sobre la satisfacción del cliente y sugerencias de mejora.
- **Herramientas de chat en vivo y chatbots**: Pueden proporcionar asistencia instantánea, responder preguntas frecuentes y resolver problemas en tiempo real, mejorando así la satisfacción del cliente.
  - ○ **Ejemplo**: Intercom para ofrecer asistencia en tiempo real a los visitantes del sitio web, mejorando la accesibilidad y la capacidad de respuesta del servicio al cliente.

Personalización y compromiso

La personalización de la experiencia del cliente y el compromiso proactivo fortalecen la fidelidad y la satisfacción del cliente.

- **Personalización del contenido**: Los sistemas de gestión de contenido (CMS) y las herramientas de análisis permiten personalizar el contenido según los comportamientos y preferencias de los usuarios.
  - ○ **Ejemplo**: Uso de WordPress con plugins de personalización para mostrar contenidos y ofertas específicas según el comportamiento de navegación de los usuarios.
- **Programas de fidelidad digitales**: Las plataformas de fidelidad pueden incentivar a los clientes a regresar ofreciendo recompensas, descuentos y beneficios exclusivos.
  - ○ **Ejemplo**: Uso de Smile.io para crear y gestionar programas de fidelidad, ofreciendo puntos y recompensas por compras repetidas, referencias

e interacciones en redes sociales.

Importancia de la experiencia del usuario (UX)

Una experiencia del usuario (UX) bien diseñada es crucial para maximizar el compromiso y las conversiones.

- **Diseño centrado en el usuario**: Adopte un enfoque de diseño centrado en el usuario desarrollando interfaces intuitivas y facilitando la navegación.
    - **Ejemplo**: Uso de técnicas de diseño UX para probar y mejorar los recorridos de los usuarios en el sitio web, reduciendo así las fricciones y aumentando las tasas de conversión.
- **Optimización móvil**: Con el aumento de los usuarios móviles, es crucial optimizar los sitios web y aplicaciones para ofrecer una experiencia fluida y rápida en todos los dispositivos.
    - **Ejemplo**: Uso de Google AMP para acelerar el tiempo de carga de las páginas web en dispositivos móviles, garantizando así una experiencia rápida y agradable para los usuarios móviles.

Al utilizar herramientas digitales para mejorar la experiencia del cliente, las PYMES pueden no solo cumplir con las crecientes expectativas de los clientes, sino también fortalecer su fidelidad y compromiso. Un enfoque centrado en el cliente, respaldado por tecnologías avanzadas, permite crear interacciones más personales, reactivas y satisfactorias, contribuyendo así al crecimiento y al éxito a largo plazo de la empresa.

7.2 Estrategias de marketing digital (SEO, redes sociales, email marketing)

El marketing digital es una componente esencial para atraer, comprometer y convertir a clientes en línea. Las estrategias de marketing digital tales como la optimización para motores de búsqueda (SEO), las campañas en redes sociales y el email marketing permiten a las PYMES alcanzar a una audiencia más amplia de manera eficaz y medible.

Optimización para motores de búsqueda (SEO)

El SEO es crucial para mejorar la visibilidad de su sitio web en motores de búsqueda como Google. Una mejor visibilidad se traduce en un mayor tráfico orgánico, lo que puede aumentar las oportunidades de conversión sin costos publicitarios elevados.

- **Investigación de palabras clave**: Identifique las palabras clave relevantes que su audiencia objetivo utiliza para buscar productos o servicios similares a los suyos. Use herramientas como Google Keyword Planner, SEMrush, o Ahrefs para descubrir estas palabras clave.
  - **Ejemplo**: Para una PYME que vende productos de jardinería, las palabras clave relevantes podrían incluir "material de jardinería", "plantas de jardín orgánicas" y "consejos de cuidado del jardín".
- **Optimización on-page**: Optimice los elementos de su sitio web como las etiquetas de título, las meta descripciones, los encabezados y el contenido para las palabras clave objetivo. Asegúrese de que su contenido sea de alta calidad y responda a las necesidades de los usuarios.

- **Ejemplo**: Redactar artículos de blog informativos y detallados sobre temas relacionados con la jardinería utilizando las palabras clave identificadas, como "Cómo elegir el mejor material de jardinería para principiantes".
- **Optimización off-page**: Adquiera backlinks de calidad provenientes de sitios web autorizados en su dominio. Los backlinks mejoran la credibilidad de su sitio a los ojos de los motores de búsqueda.
  - **Ejemplo**: Colaborar con blogueros influyentes en el ámbito de la jardinería para obtener enlaces hacia su sitio o contribuir con artículos invitados en sitios relevantes.

Redes sociales

Las redes sociales son plataformas poderosas para alcanzar a una amplia audiencia, construir una comunidad e interactuar directamente con los clientes.

- **Selección de plataformas**: Elija las redes sociales que mejor se adapten a su audiencia objetivo y a sus objetivos comerciales, como Facebook, Instagram, LinkedIn, Twitter y Pinterest.
  - **Ejemplo**: Una PYME en el sector de la moda puede elegir Instagram y Pinterest para mostrar sus productos a través de visuales atractivos.
- **Creación de contenido atractivo**: Produzca contenido diversificado y atractivo, incluyendo imágenes, videos, infografías y artículos. El contenido debe ser relevante e interesante para su audiencia objetivo.
  - **Ejemplo**: Publicar tutoriales en video en Instagram mostrando cómo estilizar artículos de moda o crear álbumes de fotos en Facebook

con nuevas colecciones de temporada.
- **Publicidad dirigida**: Use las opciones de publicidad dirigida en redes sociales para alcanzar segmentos específicos de su audiencia. Las publicidades en redes sociales permiten segmentar a los usuarios según criterios demográficos, comportamentales y de interés.
  - **Ejemplo**: Usar Facebook Ads para promover una nueva colección de productos y dirigir la publicidad a usuarios interesados en moda y que hayan visitado sitios de venta de ropa recientemente.
- **Compromiso e interacción**: Fomente la interacción con sus publicaciones, responda a comentarios y mensajes, y cree encuestas o concursos para mantener un alto nivel de compromiso.
  - **Ejemplo**: Organizar un concurso en Instagram solicitando a los participantes que compartan fotos de sus atuendos favoritos usando su producto, con un premio para la mejor foto.

Email marketing

El email marketing es una herramienta poderosa para llegar directamente a los clientes, nutrir a los prospectos y fidelizar a los clientes existentes.

- **Segmentación de la lista**: Segmente su lista de contactos según criterios como comportamientos de compra, intereses, ubicación e interacciones previas. Esto permite enviar mensajes personalizados y relevantes.
  - **Ejemplo**: Una PYME que vende artículos deportivos puede segmentar su lista según los deportes practicados por los clientes (por ejemplo, correr, ciclismo, yoga) y enviar

recomendaciones de productos específicos para cada segmento.
- **Contenido personalizado**: Cree campañas de email marketing personalizadas con contenido adaptado a los intereses y necesidades de cada segmento. Use elementos visuales atractivos y llamados a la acción claros.
  - **Ejemplo**: Enviar boletines que contengan consejos de entrenamiento, recomendaciones de productos y promociones especiales basadas en las compras anteriores de los clientes.
- **Automatización de correos electrónicos**: Use herramientas de automatización para enviar correos electrónicos desencadenados por acciones específicas de los usuarios, como la inscripción al boletín, el abandono del carrito o una compra reciente.
  - **Ejemplo**: Implementar una serie de correos electrónicos de bienvenida automatizados para nuevos suscriptores, presentando la historia de la empresa, los productos populares y ofreciendo un descuento de bienvenida.
- **Análisis de rendimiento**: Haga un seguimiento y analice métricas clave como las tasas de apertura, tasas de clics y conversiones para evaluar la eficacia de sus campañas de email marketing y ajustar su estrategia en consecuencia.
  - **Ejemplo**: Usar informes de rendimiento para identificar qué campañas de email marketing tienen la mayor tasa de conversión y ajustar los futuros envíos para maximizar el compromiso y las ventas.

Al implementar estrategias de marketing digital efectivas

como el SEO, las campañas en redes sociales y el email marketing, las PYMES pueden alcanzar una audiencia más amplia, comprometer a los clientes de manera significativa y aumentar las tasas de conversión. Estas estrategias permiten crear conexiones más fuertes con los clientes, aumentar la visibilidad de la marca y estimular el crecimiento de las ventas en un entorno digital en constante evolución.

7.3 Uso de datos de clientes para personalizar las ofertas

La recopilación y el análisis de datos de clientes permiten a las empresas comprender mejor las necesidades, preferencias y comportamientos de los consumidores. Gracias a estos insights, las PYMES pueden personalizar sus ofertas, mejorar el compromiso de los clientes y aumentar las conversiones. Este subcapítulo explora los métodos para recopilar y usar datos de clientes con el fin de ofrecer ofertas personalizadas.

Recopilación de datos de clientes

Para personalizar las ofertas, es esencial disponer de datos precisos y completos sobre los clientes. Aquí algunas fuentes de recopilación de datos:

- **Formularios de inscripción y encuestas**: Use formularios de inscripción y encuestas para recopilar información demográfica, preferencias e intereses de los clientes.
    - **Ejemplo**: Solicitar a los clientes que completen un breve cuestionario al inscribirse a un boletín o al crear una cuenta en línea, para conocer sus intereses y preferencias.
- **Historial de transacciones**: Analice los datos de compras anteriores para identificar productos preferidos, frecuencias de compra y montos gastados.
    - **Ejemplo**: Usar los datos de historial de pedidos para determinar los artículos comprados frecuentemente juntos y ofrecer paquetes o descuentos dirigidos.
- **Comportamiento en línea**: Monitoree los

comportamientos de navegación en el sitio web, tales como las páginas visitadas, productos consultados y tiempos de visita.
- **Ejemplo**: Usar Google Analytics para seguir el recorrido de los usuarios en el sitio e identificar los productos que atraen más atención, luego recomendar productos similares.
- **Interacciones en redes sociales**: Analice las interacciones de los clientes en redes sociales, incluyendo likes, shares y comentarios, para comprender mejor sus intereses y preferencias.
  - **Ejemplo**: Usar los datos de Facebook Insights para identificar las publicaciones más atractivas y adaptar las campañas de marketing en consecuencia.

Análisis de datos de clientes

Una vez recopilados los datos, es necesario analizarlos para extraer insights accionables.
- **Segmentación de clientes**: Segmente su base de datos de clientes en grupos distintos basados en criterios como comportamientos de compra, preferencias de productos y características demográficas.
  - **Ejemplo**: Segmentar a los clientes según su frecuencia de compra (clientes regulares, ocasionales, nuevos clientes) y crear campañas de marketing específicas para cada segmento.
- **Análisis predictivo**: Use algoritmos de aprendizaje automático para predecir los comportamientos futuros de los clientes, como las probabilidades de compra de un producto o la probabilidad de abandono.
  - **Ejemplo**: Usar un modelo predictivo para

identificar a los clientes que son propensos a abandonar y ofrecerles incentivos para fidelizarlos.

- **Mapeo del recorrido del cliente**: Analice el recorrido del cliente desde la primera interacción con la empresa hasta la compra y más allá para identificar puntos de fricción y oportunidades de personalización.
  - **Ejemplo**: Usar herramientas de mapeo del recorrido del cliente para visualizar las etapas clave y optimizar cada punto de contacto según las necesidades específicas del cliente.

Personalización de las ofertas

El uso de datos de clientes permite crear ofertas personalizadas que respondan a las expectativas y preferencias específicas de cada cliente.

- **Recomendaciones de productos**: Use sistemas de recomendación para proponer productos basados en las preferencias y comportamientos de compra de los clientes.
  - **Ejemplo**: Usar un motor de recomendaciones para mostrar productos similares o complementarios en la página de producto o en los correos de seguimiento, como lo hace Amazon.
- **Campañas de email marketing personalizadas**: Envíe correos electrónicos dirigidos y relevantes en función de los segmentos de clientes y datos de comportamiento.
  - **Ejemplo**: Enviar correos electrónicos de recordatorio a los clientes que han abandonado su carrito, ofreciendo un descuento especial para finalizar su compra.

- **Ofertas especiales y promociones**: Cree ofertas especiales y promociones basadas en los historiales de compra y preferencias de los clientes para aumentar el compromiso y las ventas.
  - **Ejemplo**: Ofrecer descuentos exclusivos en los productos favoritos de los clientes u organizar ventas privadas para los segmentos de clientes más fieles.
- **Personalización del contenido web**: Ajuste el contenido del sitio web en tiempo real para cada visitante en función de sus preferencias y comportamientos pasados.
  - **Ejemplo**: Usar plugins de personalización para mostrar banners, ofertas especiales o contenidos recomendados según las páginas visitadas previamente por el cliente.

Medición y optimización

Para garantizar la eficacia de la personalización, es crucial medir los resultados y optimizar en consecuencia.

- **Indicadores clave de rendimiento (KPIs)**: Siga KPIs específicos como la tasa de conversión, el valor promedio de los pedidos y la retención de clientes para evaluar el impacto de las estrategias de personalización.
  - **Ejemplo**: Analizar el aumento de ventas tras la implementación de recomendaciones de productos personalizados.
- **Feedback de clientes**: Recopile opiniones de los clientes para comprender su satisfacción e identificar áreas que necesitan mejoras.
  - **Ejemplo**: Usar encuestas post-compra para recoger opiniones sobre las recomendaciones de

productos y las campañas de email marketing.

- **Pruebas A/B**: Realice pruebas A/B para comparar diferentes versiones de campañas personalizadas y determinar cuáles generan los mejores resultados.
    - **Ejemplo**: Probar diferentes variantes de correos de recordatorio de carrito abandonado para identificar la oferta o mensaje más eficaz.

Al utilizar datos de clientes para personalizar las ofertas, las PYMES pueden mejorar la experiencia del cliente, aumentar el compromiso y maximizar las conversiones. La personalización basada en datos refuerza la fidelidad de los clientes y crea una relación más estrecha y significativa con cada cliente, sentando las bases para un crecimiento sostenible y una ventaja competitiva sólida.

CAPÍTULO 8: SEGUIMIENTO Y EVALUACIÓN DEL PROGRESO

Después de implementar tecnologías digitales y digitalizar sus procesos empresariales, es crucial seguir y evaluar los progresos realizados para garantizar el éxito de su transformación digital. La medición y el análisis de sus actuaciones le permiten comprender qué funciona, identificar áreas de mejora y tomar decisiones informadas para el futuro. En este capítulo, abordaremos las herramientas y técnicas de seguimiento y evaluación, así como los indicadores clave de rendimiento (KPI) a monitorear para medir el impacto de sus iniciativas digitales.

8.1 Indicadores clave de rendimiento (KPIs) para la transformación digital

La transformación digital es un proceso complejo que requiere una evaluación continua para garantizar su éxito. Los indicadores clave de rendimiento (KPIs) son métricas esenciales para medir la eficacia de las iniciativas digitales, seguir el progreso e identificar áreas que necesitan mejoras. Este subcapítulo explora los principales KPIs a seguir para evaluar la transformación digital de su PYME.

Elegir los KPIs correctos

Para medir eficazmente la transformación digital, es crucial elegir los KPIs que se alineen con los objetivos específicos de su empresa. Aquí hay algunas categorías de KPIs a considerar:

- **KPIs de rendimiento operativo**:
  - **Productividad de los empleados**: Mida la productividad de los empleados antes y después de la implementación de tecnologías digitales. Esto puede incluir el número de tareas realizadas, el tiempo promedio para completar una tarea y la tasa de automatización de procesos.
    - **Ejemplo**: Seguir el tiempo promedio de procesamiento de pedidos antes y después de la automatización de los sistemas de gestión de pedidos.
- **KPIs financieros**:
  - **Retorno de inversión (ROI)**: Calcule el ROI de los proyectos de transformación digital comparando los beneficios financieros obtenidos con los costos incurridos.
    - **Ejemplo**: Calcular el ROI de la

implementación de un CRM midiendo el aumento de ventas y la reducción de costos operativos.
- **KPIs de satisfacción del cliente**:
  - **Net Promoter Score (NPS)**: Mida la satisfacción y fidelidad de los clientes utilizando encuestas NPS para evaluar la disposición de los clientes a recomendar su empresa.
    - **Ejemplo**: Seguir el NPS después de la implementación de nuevas tecnologías de soporte al cliente, como los chatbots.
- **KPIs de rendimiento técnico**:
  - **Disponibilidad de sistemas**: Monitoree la disponibilidad y confiabilidad de los sistemas informáticos para asegurar que funcionen sin interrupciones.
    - **Ejemplo**: Medir el tiempo de disponibilidad de los servicios en la nube y la tasa de resolución de fallos técnicos.

Cómo medir e interpretar los resultados

Una vez definidos los KPIs, es importante establecer mecanismos para medir e interpretar los resultados regularmente. Aquí hay algunos métodos para lograrlo:
- **Tableros de control e informes**:
  - **Centralización de datos**: Use herramientas de tablero de control para centralizar los datos de los diferentes KPIs y visualizar el rendimiento en tiempo real.
    - **Ejemplo**: Usar Microsoft Power BI o Tableau para crear tableros interactivos que muestren tendencias y desviaciones respecto a los objetivos.

- **Análisis periódicos**:
  - **Revisión de desempeño**: Organice reuniones periódicas para revisar el rendimiento y discutir los resultados con las partes interesadas clave.
    - **Ejemplo**: Realizar reuniones trimestrales para evaluar el progreso de la transformación digital y ajustar las estrategias en consecuencia.
- **Benchmarking**:
  - **Comparación con estándares**: Compare sus KPIs con benchmarks de la industria para evaluar cómo se posiciona su empresa frente a la competencia.
    - **Ejemplo**: Usar informes de analistas o estudios de mercado para comparar el NPS de su empresa con el promedio del sector.
- **Análisis de brechas**:
  - **Identificación de brechas**: Analice las diferencias entre el rendimiento real y los objetivos fijados para identificar áreas que necesitan mejoras.
    - **Ejemplo**: Medir la diferencia entre el tiempo de procesamiento objetivo de pedidos y el tiempo de procesamiento real para identificar ineficiencias.

Ejemplos de KPIs específicos para la transformación digital

Aquí hay algunos ejemplos concretos de KPIs a seguir en el contexto de una transformación digital:

- **Tasa de adopción de tecnologías**:
  - **Descripción**: Porcentaje de usuarios que adoptan las nuevas tecnologías en comparación

con el número total de usuarios objetivo.
- **Utilidad**: Medir el éxito de la implementación y la aceptación de las nuevas tecnologías por parte de los empleados.

- **Tasa de automatización**:
  - **Descripción**: Porcentaje de procesos empresariales que han sido automatizados en comparación con el número total de procesos identificados para la automatización.
  - **Utilidad**: Evaluar la eficacia de la automatización en la reducción de tareas manuales y la mejora de la eficiencia operativa.

- **Tasa de resolución en el primer contacto del soporte al cliente**:
  - **Descripción**: Porcentaje de solicitudes de soporte al cliente resueltas en el primer contacto con el servicio al cliente.
  - **Utilidad**: Medir la eficacia de las herramientas de soporte al cliente digitales y la satisfacción de los clientes.

- **Tiempo de despliegue de nuevas tecnologías**:
  - **Descripción**: Duración promedio necesaria para desplegar nuevas tecnologías o actualizaciones.
  - **Utilidad**: Evaluar la rapidez con la que la empresa puede implementar cambios tecnológicos y adaptarse a las evoluciones del mercado.

Al elegir KPIs relevantes y establecer procesos eficaces para medir e interpretar los resultados, su PYME podrá seguir los progresos realizados en el marco de la transformación digital y ajustar las estrategias en consecuencia. Esto asegura que los objetivos se alcancen y que las iniciativas digitales aporten un valor añadido tangible a la empresa.

8.2 Métodos de evaluación y análisis de resultados

La evaluación y el análisis de resultados son esenciales para comprender el impacto de las iniciativas de transformación digital y para realizar los ajustes necesarios. Establecer métodos efectivos permite no solo medir los éxitos, sino también detectar áreas que requieren mejoras. Este subcapítulo explora diversos métodos para evaluar y analizar los resultados de la transformación digital.

Evaluación continua

La evaluación continua consiste en monitorear y medir el rendimiento de manera regular, permitiendo identificar rápidamente los problemas y ajustar las estrategias.

- **Revisión periódica de KPIs:**
  - **Descripción**: Organice revisiones regulares de los indicadores clave de rendimiento (KPIs) para analizar el progreso respecto a los objetivos fijados.
  - **Ejemplo**: Realizar reuniones mensuales para revisar el rendimiento en términos de productividad, ROI, satisfacción del cliente y otros KPIs relevantes.
- **Auditorías internas:**
  - **Descripción**: Realice auditorías internas regulares para verificar que los procesos y tecnologías se utilicen y optimicen correctamente.
  - **Ejemplo**: Elaborar auditorías trimestrales para evaluar el cumplimiento de las prácticas de seguridad informática con las normas establecidas.

- **Feedback de las partes interesadas**:
  - **Descripción**: Recoja continuamente comentarios de empleados, clientes y socios para evaluar el impacto de los cambios digitales.
  - **Ejemplo**: Usar encuestas y entrevistas para obtener opiniones sobre las nuevas tecnologías y su impacto en las operaciones diarias.

Técnicas de análisis de resultados

Una vez recopilados los datos, es crucial analizarlos a fondo para extraer información útil.

- **Análisis de tendencias**:
  - **Descripción**: Analice las tendencias a partir de los datos recopilados para identificar patrones y evoluciones a lo largo del tiempo.
  - **Ejemplo**: Analizar las tendencias de ventas estacionales durante varios años para anticipar períodos de alta demanda y ajustar las estrategias de marketing.
- **Análisis comparativo (Benchmarking)**:
  - **Descripción**: Compare el rendimiento de su empresa con el de los líderes del sector o con los estándares de la industria.
  - **Ejemplo**: Comparar los índices de satisfacción del cliente de su empresa con los de los competidores para identificar áreas donde se necesitan mejoras.
- **Análisis SWOT**:
  - **Descripción**: Use el análisis SWOT (Fortalezas, Debilidades, Oportunidades, Amenazas) para evaluar el impacto de la transformación digital.
  - **Ejemplo**: Identificar fortalezas como el aumento de la productividad, debilidades como la curva de aprendizaje, y ajustar los planes en

consecuencia.

Modelos de análisis avanzado

Para profundizar en la evaluación de los impactos, considere modelos de análisis avanzado que utilizan técnicas estadísticas y tecnologías de inteligencia artificial.

- **Análisis predictivo**:
  - **Descripción**: Use algoritmos de aprendizaje automático para predecir resultados futuros basados en tendencias pasadas y actuales.
  - **Ejemplo**: Predicción de ventas futuras en función de datos históricos de ventas, tendencias del mercado y comportamientos de los clientes.
- **Análisis de causas profundas (Root Cause Analysis)**:
  - **Descripción**: Identifique las causas subyacentes de las brechas de rendimiento para determinar las acciones correctivas necesarias.
  - **Ejemplo**: Usar técnicas de diagrama de Pareto o de Ishikawa para analizar las razones de los retrasos en la entrega de proyectos.
- **Análisis sentimental**:
  - **Descripción**: Use herramientas de análisis sentimental en los datos de redes sociales y opiniones de clientes para comprender los sentimientos de los clientes hacia sus productos o servicios.
  - **Ejemplo**: Analizar comentarios en redes sociales para detectar signos de descontento o satisfacción de los clientes.

Informes y visualización de datos

La presentación clara de los resultados es esencial para una toma de decisiones informada. Use herramientas de

visualización de datos para crear informes convincentes.
- **Tableros interactivos**:
  - **Descripción**: Cree tableros interactivos para visualizar el rendimiento y permitir un análisis dinámico.
  - **Ejemplo**: Usar Microsoft Power BI para desarrollar tableros que muestren los KPIs en tiempo real, con filtros que permitan acercarse a detalles específicos.
- **Informes automatizados**:
  - **Descripción**: Establezca informes automatizados para actualizaciones regulares y oportunas de los KPIs críticos.
  - **Ejemplo**: Configurar informes semanales automáticos generados por Google Analytics para seguir el rendimiento del sitio web y de las campañas de marketing.
- **Storytelling con datos**:
  - **Descripción**: Use el storytelling para contextualizar los datos y contar una historia convincente sobre los impactos de la transformación digital.
  - **Ejemplo**: Preparar presentaciones para reuniones directivas destacando no solo los números, sino también historias de éxito y lecciones aprendidas.

Ajuste de la estrategia

En función de los análisis, ajuste las estrategias de transformación digital para optimizar los resultados y garantizar la realización de los objetivos.
- **Reevaluación de objetivos**:
  - **Descripción**: Ajuste los objetivos en función de los progresos realizados y de los nuevos insights

recogidos.
- **Ejemplo**: Revisar los objetivos anuales de crecimiento de ventas tras constatar un aumento más rápido de lo previsto en las ventas en línea.
- **Adaptación de procesos y tecnologías**:
  - **Descripción**: Modifique los procesos empresariales y las tecnologías utilizadas para mejorar su eficacia y alineación con los objetivos estratégicos.
  - **Ejemplo**: Implementar nuevas funcionalidades en el CRM tras recibir feedback positivo de los equipos de ventas sobre la mejora de su productividad.
- **Asignación de recursos**:
  - **Descripción**: Reasigne los recursos en función de las prioridades identificadas durante el análisis, optimizando el uso de recursos humanos, financieros y tecnológicos.
  - **Ejemplo**: Asignar más presupuesto a campañas de marketing digital exitosas tras constatar un aumento del ROI.

Al adoptar métodos rigurosos para evaluar y analizar los resultados de la transformación digital, las PYMES pueden asegurarse de que sus iniciativas aporten los beneficios esperados y estén alineadas con los objetivos estratégicos. Esto permite tomar decisiones informadas, maximizar el retorno de la inversión y ajustar continuamente las estrategias para adaptarse a los desafíos y oportunidades emergentes.

CAPÍTULO 9: CASOS PRÁCTICOS Y ESTUDIOS DE CASOS

Después de explorar las diversas estrategias y herramientas necesarias para la transformación digital, es inspirador e instructivo ver cómo otras PYMES han logrado su propio recorrido de digitalización. Al examinar ejemplos y estudios de casos, podrá descubrir enfoques prácticos e ideas innovadoras que podrá adaptar a su propia empresa. Este capítulo presenta una serie de testimonios y ejemplos detallados para ilustrar los éxitos y los desafíos enfrentados por diferentes PYMES en su transformación digital.

9.1 Ejemplos de PYMES que han logrado su transformación digital

Los testimonios de PYMES que han logrado su transformación digital ofrecen valiosos insights y sirven de inspiración para otras empresas en busca de digitalización. Aquí presentamos una serie de testimonios de PYMES de diferentes sectores que han sabido aprovechar las tecnologías digitales para transformar sus actividades y obtener resultados notables.

Testimonio 1: Una PYME en el sector de la salud

Nombre de la empresa: Medico Santé

Contexto: Medico Santé, una PYME especializada en la distribución de material médico, enfrentaba una competencia creciente y tenía dificultades para gestionar sus inventarios y garantizar la disponibilidad de los productos.

Iniciativas de transformación digital:

- **Implementación de un ERP**: Medico Santé adoptó un sistema ERP para centralizar la gestión de inventarios, pedidos y finanzas.
- **Automatización de procesos**: La empresa automatizó el procesamiento de pedidos y la gestión de inventarios para reducir errores y retrasos.
- **Plataforma e-commerce**: Se implementó una nueva plataforma e-commerce para facilitar los pedidos en línea y ofrecer una mejor experiencia al cliente.

Resultados:

- **Reducción de errores de pedido en un 30%**: La automatización disminuyó significativamente los errores, aumentando la satisfacción del cliente.
- **Mejora en la gestión de inventarios**: El sistema ERP

permitió una vista en tiempo real de los inventarios, reduciendo las rupturas de stock y los excedentes.
- **Aumento de las ventas en línea en un 50%**: La nueva plataforma e-commerce atrajo a más clientes y facilitó el proceso de pedido.

Testimonio 2: Una PYME en el sector de la moda

Nombre de la empresa: Style Chic

Contexto: Style Chic, una PYME en el sector de la moda, buscaba aumentar su visibilidad y fidelizar a sus clientes frente al aumento de las tiendas en línea competidoras.

Iniciativas de transformación digital:
- **SEO y marketing digital**: La empresa lanzó una estrategia de SEO y marketing digital para atraer más tráfico a su sitio web.
- **Uso de redes sociales**: Style Chic intensificó su presencia en Instagram y Facebook para promocionar sus colecciones e interactuar con sus clientes.
- **CRM para personalización**: La implementación de un CRM permitió personalizar las ofertas y las campañas de marketing según los comportamientos de compra de los clientes.

Resultados:
- **Aumento del tráfico web en un 60%**: Gracias al SEO y las campañas de marketing digital, el sitio web de Style Chic experimentó un aumento significativo de visitantes.
- **Mayor compromiso en redes sociales**: Los seguidores y las interacciones en Instagram y Facebook aumentaron, fortaleciendo la notoriedad de la marca.
- **Mejora en la fidelización de clientes**: El CRM permitió personalizar las comunicaciones, aumentando así la satisfacción y la fidelidad de los clientes.

Testimonio 3: Una PYME en el sector manufacturero

Nombre de la empresa: TechFab

Contexto: TechFab, una PYME especializada en la fabricación de componentes técnicos, enfrentaba desafíos de productividad y gestión de plazos de entrega.

Iniciativas de transformación digital:

- **Automatización de líneas de producción**: TechFab invirtió en robots industriales y sistemas automatizados para mejorar la eficiencia de la producción.
- **Análisis de datos IoT**: La integración de sensores IoT permitió recopilar datos en tiempo real sobre el rendimiento de las máquinas y las condiciones de producción.
- **Gestión optimizada de pedidos**: Se implementó un software de gestión de pedidos para planificar y seguir los pedidos de manera más eficaz.

Resultados:

- **Aumento de la productividad en un 40%**: La automatización de las líneas de producción mejoró considerablemente la eficiencia operativa.
- **Reducción de tiempos de inactividad de las máquinas**: El análisis de datos IoT permitió un mantenimiento predictivo, reduciendo los tiempos de inactividad y los costos de reparación.
- **Cumplimiento de plazos de entrega**: El software de gestión de pedidos optimizó la planificación, asegurando el cumplimiento de los plazos de entrega.

Testimonio 4: Una PYME en el sector de la educación

Nombre de la empresa: EduLearn

Contexto: EduLearn, una PYME que proporciona servicios de formación en línea, buscaba expandir su oferta y mejorar la experiencia de aprendizaje de los usuarios.

Iniciativas de transformación digital:

- **Plataforma de aprendizaje en línea**: EduLearn desarrolló una plataforma de aprendizaje en línea fácil de usar y accesible desde diferentes dispositivos.
- **Uso de IA para recomendaciones**: La integración de algoritmos de IA permitió personalizar los recorridos de aprendizaje recomendando cursos y contenidos adaptados a cada usuario.
- **Análisis del rendimiento de aprendizaje**: Se implementaron herramientas analíticas para seguir los progresos de los estudiantes e identificar áreas que necesitan apoyo adicional.

Resultados:
- **Incremento del número de inscripciones en un 80%**: La nueva plataforma de aprendizaje en línea atrajo a un número creciente de estudiantes.
- **Mejora en la satisfacción de los estudiantes**: Las recomendaciones personalizadas y el seguimiento del rendimiento aumentaron el compromiso y la satisfacción de los usuarios.
- **Expansión de la oferta de cursos**: La capacidad de analizar las necesidades de los estudiantes permitió a EduLearn ampliar su catálogo de cursos según la demanda.

Estos testimonios demuestran que la transformación digital, cuando se lleva a cabo correctamente, puede generar ganancias significativas en términos de eficiencia, productividad y satisfacción del cliente. Al inspirarse en estos ejemplos, otras PYMES pueden identificar estrategias y soluciones adaptadas a sus necesidades específicas y lograr su propio recorrido de transformación digital.

9.2 Análisis de factores de éxito y errores a evitar

Analizar los factores de éxito y los errores comunes en las iniciativas de transformación digital permite extraer lecciones valiosas y maximizar las posibilidades de éxito. Basándonos en los testimonios y estudios de casos presentados, podemos identificar los elementos esenciales que han contribuido al éxito de los proyectos de transformación digital, así como los errores a evitar.

Factores de éxito

1. **Visión clara y objetivos bien definidos**:
    - Una visión clara y objetivos precisos permiten guiar los esfuerzos de transformación digital y alinear las iniciativas con la estrategia global de la empresa.
    - **Ejemplo**: Medico Santé definió objetivos claros de mejora en la gestión de inventarios y reducción de errores de pedido, lo que llevó a la exitosa implementación de un sistema ERP.

2. **Compromiso de los dirigentes y partes interesadas**:
    - El apoyo y la implicación activa de los dirigentes y las partes interesadas son cruciales para movilizar los recursos necesarios y asegurar el éxito de los proyectos digitales.
    - **Ejemplo**: Style Chic se benefició de un fuerte compromiso de la dirección en el uso de redes sociales y la personalización de ofertas a clientes.

3. **Adaptabilidad y flexibilidad**:

- Estar preparado para ajustar los planes según los feedbacks y las evoluciones del mercado permite mantener el rumbo hacia los objetivos fijados.
- **Ejemplo**: InnovTech supo adaptar sus procesos de producción integrando tecnologías IoT y sistemas automatizados para mejorar la calidad de los productos.

4. **Uso de datos y análisis**:
    - La explotación de datos para tomar decisiones informadas y personalizar las ofertas refuerza la eficacia de las estrategias digitales.
    - **Ejemplo**: AgriTech Solutions utilizó el análisis de datos agrícolas para optimizar los rendimientos y reducir el uso de recursos.

5. **Formación y desarrollo de competencias**:
    - Invertir en la formación continua y el desarrollo de competencias digitales de los empleados es esencial para fomentar la adopción de nuevas tecnologías y mejorar la productividad.
    - **Ejemplo**: EduLearn formó a sus equipos en el uso de la plataforma de aprendizaje en línea y herramientas de análisis para personalizar los recorridos de aprendizaje.

Errores a evitar

1. **Falta de preparación y planificación**:
    - La ausencia de planificación profunda y evaluación de necesidades puede llevar a sobrecostos, retrasos y fallos en la implementación.
    - **Ejemplo**: Una empresa que implemente un CRM sin evaluar necesidades específicas y

sin planificar la formación de usuarios puede enfrentar problemas de adopción.

2. **Subestimación de la resistencia al cambio**:
   - No anticipar y gestionar la resistencia al cambio puede ralentizar la transformación y reducir los beneficios esperados.
   - **Ejemplo**: Ignorar las preocupaciones de los empleados ante la automatización puede llevar a una baja moral y compromiso.

3. **Inversiones tecnológicas inadecuadas**:
   - Invertir en tecnologías inadecuadas o subestimadas puede limitar el impacto de las iniciativas digitales y generar pérdidas financieras.
   - **Ejemplo**: Elegir una plataforma e-commerce poco performante puede perjudicar la experiencia del cliente y reducir las ventas en línea.

4. **Falta de seguimiento y evaluación regular**:
   - No implementar procesos de seguimiento y evaluación continua puede impedir la identificación de problemas y el ajuste de estrategias.
   - **Ejemplo**: No usar KPIs para evaluar la automatización de procesos puede llevar a una suboptimización de los beneficios en productividad.

5. **Falta de comunicación y colaboración**:
   - Los silos organizacionales y la falta de comunicación entre equipos pueden obstaculizar el éxito de los proyectos digitales.
   - **Ejemplo**: Una empresa donde los equipos de marketing y TI no colaboran eficazmente

puede perder oportunidades de integración y personalización.

Síntesis de mejores prácticas

Para lograr la transformación digital, las PYMES deben:
- Definir una visión clara y objetivos precisos.
- Asegurar el compromiso de dirigentes y partes interesadas.
- Mantenerse adaptables y flexibles ante los feedbacks y evoluciones.
- Explorar los datos para tomar decisiones informadas y personalizar las ofertas.
- Invertir en la formación continua y desarrollo de competencias de los empleados.
- Planificar rigurosamente y evaluar regularmente los progresos.
- Anticipar y gestionar la resistencia al cambio.
- Elegir tecnologías adaptadas a las necesidades específicas de la empresa.
- Fomentar la comunicación y colaboración entre equipos.

Al evitar errores comunes y basarse en estos factores de éxito, las PYMES pueden maximizar los beneficios de sus iniciativas de transformación digital y obtener resultados duraderos y significativos. Los testimonios y estudios de casos presentados muestran que las empresas que adoptan un enfoque proactivo y estructurado logran navegar con éxito en el paisaje digital en constante evolución.

CAPÍTULO 10: PERSPECTIVAS DE FUTURO

Después de examinar diversos aspectos prácticos y estratégicos de la transformación digital, es importante mirar hacia el futuro para comprender las tendencias emergentes y prepararse para las futuras evoluciones tecnológicas. Este capítulo se centrará en las innovaciones que están redefiniendo continuamente el panorama digital y proporcionará pistas para preparar su PYME para estos cambios. Al explorar las tendencias tecnológicas y planificar de manera proactiva, su empresa podrá no solo adaptarse, sino también prosperar en un entorno digital en constante evolución.

10.1 Las tendencias emergentes en la transformación digital

La transformación digital es un fenómeno en constante evolución, influenciado por los rápidos avances tecnológicos y los cambios en los comportamientos de los consumidores. Para mantenerse competitivas, las PYMES deben estar atentas a las tendencias emergentes que están dando forma al panorama digital. Este apartado explora algunas de las tendencias más significativas que están redefiniendo la transformación digital.

Inteligencia Artificial y Aprendizaje Automático

La inteligencia artificial (IA) y el aprendizaje automático continúan revolucionando diferentes sectores gracias a sus capacidades de análisis de datos y automatización.

- **IA conversacional y chatbots**: Los chatbots y asistentes virtuales impulsados por IA ofrecen servicios y soporte al cliente 24/7, mejorando la experiencia del cliente y reduciendo los costos operativos.
  - *Ejemplo*: Las PYMES utilizan plataformas como IBM Watson o Google Dialogflow para crear chatbots capaces de gestionar consultas complejas mientras ofrecen una experiencia de usuario fluida.
- **Análisis predictivo**: Los algoritmos de aprendizaje automático analizan volúmenes masivos de datos para prever tendencias futuras, comportamientos de los clientes y optimizar las estrategias de marketing y ventas.
  - *Ejemplo*: Una PYME en el comercio minorista utiliza análisis predictivo para anticipar las

tendencias de consumo y ajustar los inventarios en consecuencia.

El Internet de las Cosas (IoT)

El Internet de las Cosas (IoT) permite a las empresas conectar dispositivos físicos a Internet, recopilando e intercambiando datos para optimizar las operaciones.

- **Logística inteligente**: Los sensores IoT mejoran la gestión de la cadena de suministro, permitiendo un seguimiento en tiempo real de los bienes y una optimización de la logística.
    - *Ejemplo*: Una empresa de transporte utiliza sensores IoT para monitorear la temperatura de los productos perecederos y asegurar su integridad hasta la entrega.
- **Mantenimiento predictivo**: Los sensores IoT detectan anomalías en los equipos industriales, permitiendo un mantenimiento proactivo y reduciendo los tiempos de inactividad imprevistos.
    - *Ejemplo*: Una PYME manufacturera integra sensores IoT en sus máquinas para predecir fallos y planificar intervenciones de mantenimiento antes de que afecten la producción.

La 5G

La tecnología 5G promete velocidades de datos ultra-rápidas, una latencia mínima y una mayor capacidad de conexión, abriendo la puerta a nuevas aplicaciones y servicios.

- **Conectividad mejorada**: La 5G permite una conectividad inalámbrica más rápida y fiable, esencial para aplicaciones como la realidad aumentada (AR) y la realidad virtual (VR).

- *Ejemplo*: Una PYME en el sector inmobiliario utiliza la 5G para ofrecer visitas virtuales inmersivas de propiedades a distancia, mejorando así la experiencia de los compradores potenciales.
- **Aplicaciones IoT avanzadas**: La 5G soporta un mayor número de dispositivos IoT conectados simultáneamente, permitiendo ciudades inteligentes y fábricas conectadas.
  - *Ejemplo*: Una empresa de gestión de energía utiliza la 5G para conectar miles de sensores en infraestructuras urbanas, optimizando el consumo energético y reduciendo costos.

Blockchain y Seguridad de Datos

La blockchain es una tecnología de registro descentralizado que ofrece una mayor seguridad y transparencia para las transacciones digitales.

- **Transacciones seguras**: La blockchain garantiza la transparencia e integridad de las transacciones al eliminar intermediarios y asegurar los datos.
  - *Ejemplo*: Una PYME en el sector fintech utiliza la blockchain para asegurar las transacciones financieras y los contratos inteligentes, garantizando operaciones transparentes y fiables.
- **Trazabilidad de productos**: La blockchain mejora la trazabilidad de los productos en la cadena de suministro, reforzando la confianza de los consumidores y garantizando la calidad.
  - *Ejemplo*: Una empresa agroalimentaria adopta la blockchain para rastrear el origen de los productos, desde la granja hasta la mesa, asegurando la trazabilidad y la confianza en la

cadena de suministro.

Realidad Aumentada (AR) y Realidad Virtual (VR)

La AR y la VR transforman la experiencia del usuario al ofrecer interacciones inmersivas y atractivas.

- **Experiencia del cliente enriquecida**: La AR y la VR crean experiencias inmersivas para los clientes, permitiéndoles probar productos virtualmente o visualizar configuraciones complejas.
  - *Ejemplo*: Una tienda de muebles utiliza la VR para permitir a los clientes visualizar los muebles en su espacio antes de comprarlos, reduciendo las devoluciones y mejorando la satisfacción.
- **Formación y educación**: La VR ofrece entornos de formación inmersivos para simular escenarios complejos y mejorar el aprendizaje.
  - *Ejemplo*: Una PYME en el sector salud utiliza la VR para formar a los trabajadores médicos en intervenciones quirúrgicas en un entorno simulado.

Automatización inteligente de procesos (RPA + IA)

La automatización de procesos robóticos (RPA) combinada con inteligencia artificial crea sistemas capaces de automatizar tareas más complejas.

- **Automatización de procesos de negocio**: Las soluciones RPA automatizan tareas repetitivas, mientras que la IA aporta capacidad decisional para tareas más complejas.
  - *Ejemplo*: Una empresa de servicios financieros utiliza la automatización inteligente para procesar solicitudes de préstamos más rápido y con mayor precisión.

Al mantenerse atentas a estas tendencias emergentes, las PYMES pueden anticipar las evoluciones tecnológicas y aprovechar las oportunidades que de ellas se derivan. Estas innovaciones ofrecen medios poderosos para mejorar la eficiencia operativa, enriquecer la experiencia del cliente y reforzar la competitividad en un mercado digital en constante evolución.

10.2 Preparar su PYME para las futuras evoluciones tecnológicas

Para mantener una ventaja competitiva, una PYME debe prepararse activamente para las futuras evoluciones tecnológicas. Esto implica implementar estrategias, estructuras y prácticas que permitan a la empresa adaptarse rápidamente y aprovechar las nuevas oportunidades. Este apartado explora las etapas clave para preparar su PYME para las innovaciones y tecnologías emergentes.

Planificación a largo plazo

La planificación estratégica a largo plazo es esencial para anticipar las evoluciones tecnológicas y alinear los objetivos de la empresa con las oportunidades futuras.

- **Vigilancia tecnológica**:
    - Establezca un sistema de vigilancia tecnológica para monitorear las innovaciones y tendencias emergentes en su sector. Esto puede incluir la participación en conferencias, la lectura de publicaciones especializadas y la suscripción a boletines tecnológicos.
    - *Ejemplo*: Una PYME en el sector salud sigue las nuevas tendencias en telemedicina y tecnologías médicas para adaptar sus servicios.
- **Hoja de ruta tecnológica**:
    - Desarrolle una hoja de ruta tecnológica que indique las tecnologías a adoptar a corto, medio y largo plazo. Priorice las inversiones según las necesidades de la empresa y el impacto potencial de las tecnologías.
    - *Ejemplo*: Establecer una hoja de ruta para integrar progresivamente la IA en las operaciones de servicio al cliente, seguida de

la adopción de blockchain para asegurar las transacciones financieras.

Flexibilidad y adaptabilidad organizacional

Crear una cultura y estructura organizacional flexibles permite a su empresa adaptarse rápidamente a las evoluciones tecnológicas.

- **Cultura de la innovación**:
  - Fomente una cultura que anime la innovación, la experimentación y la aceptación del cambio. Motive a los empleados a proponer nuevas ideas y participar en las iniciativas de transformación digital.
  - *Ejemplo*: Organizar hackathons internos donde los empleados puedan colaborar en proyectos tecnológicos innovadores.
- **Estructuras ágiles**:
  - Adopte estructuras organizacionales ágiles que permitan cambios rápidos y respuestas efectivas a las nuevas oportunidades. Utilice metodologías ágiles como Scrum o Kanban para gestionar proyectos tecnológicos.
  - *Ejemplo*: Una PYME utiliza equipos multifuncionales y sprints de desarrollo para acelerar el despliegue de nuevas funcionalidades en su plataforma en línea.

Inversión en competencias y formación

El desarrollo de las competencias digitales de sus empleados es crucial para aprovechar plenamente las nuevas tecnologías.

- **Formación continua**:
  - Establezca programas de formación continua para mantener las competencias de sus empleados actualizadas con las últimas

tecnologías y prácticas digitales. Utilice formaciones en línea, talleres y certificaciones para ofrecer un aprendizaje flexible y accesible.
- *Ejemplo*: Ofrecer cursos en línea en plataformas como Coursera o Udemy para formar a los empleados en IA, ciberseguridad o análisis de datos.

- **Reclutamiento de talentos tecnológicos**:
  - Atraiga y reclute talentos con competencias tecnológicas avanzadas para fortalecer su equipo y aportar nuevas perspectivas. Colabore con universidades y centros de investigación para identificar talentos emergentes.
  - *Ejemplo*: Reclutar expertos en ciencia de datos y aprendizaje automático para desarrollar soluciones basadas en datos.

Asociaciones y colaboraciones

Las asociaciones estratégicas y las colaboraciones pueden acelerar la adopción de nuevas tecnologías y ofrecer recursos adicionales.

- **Asociaciones con startups**:
  - Colabore con startups innovadoras para beneficiarse de sus tecnologías avanzadas y su enfoque ágil. Las asociaciones pueden incluir proyectos conjuntos, inversiones o adquisiciones estratégicas.
  - *Ejemplo*: Una PYME en la industria alimentaria colabora con una startup especializada en agricultura vertical para adoptar prácticas agrícolas sostenibles.

- **Ecosistemas de innovación**:
  - Participe en ecosistemas de innovación, como incubadoras, aceleradoras o clusters

tecnológicos, para intercambiar ideas y recursos con otros actores del sector.
- *Ejemplo*: Unirse a un cluster tecnológico para acceder a infraestructuras compartidas, mentores y financiamiento para proyectos de I+D.

Adopción progresiva de tecnologías

Adoptar tecnologías de manera progresiva y reflexiva permite minimizar riesgos y maximizar beneficios.

- **Pilotos y proyectos piloto**:
  - Lance proyectos piloto para probar nuevas tecnologías a pequeña escala antes de desplegarlas a gran escala. Utilice los resultados de los pilotos para evaluar el desempeño y ajustar las estrategias.
  - *Ejemplo*: Una PYME prueba una herramienta de análisis predictivo para optimizar inventarios en algunas de sus sucursales antes de extenderla a toda la empresa.
- **Feedback y iteración**:
  - Recopile feedback de los usuarios finales y realice mejoras continuas en las tecnologías implementadas. Adopte un enfoque iterativo para perfeccionar las soluciones según las necesidades reales.
  - *Ejemplo*: Utilizar el feedback de los empleados sobre un nuevo software de gestión de proyectos para realizar ajustes y mejorar la experiencia del usuario.

Al tomar medidas proactivas para prepararse para las futuras evoluciones tecnológicas, las PYMES pueden no solo mantenerse competitivas, sino también aprovechar al máximo las oportunidades que ofrece la transformación digital. Una planificación estratégica, una cultura de innovación, inversiones en competencias y colaboraciones acertadas permiten navegar con éxito en un panorama tecnológico en constante evolución.

CONCLUSIÓN

La transformación digital es una aventura que ofrece posibilidades excepcionales para las PYMES. Bien ejecutada, permite no solo mejorar la eficiencia operativa y la satisfacción del cliente, sino también catalizar la innovación y el crecimiento. Esta guía práctica ha proporcionado las herramientas, estrategias y ejemplos concretos necesarios para emprender este viaje con confianza y claridad.

Desde el diagnóstico inicial del estado actual de su empresa hasta la elaboración de una estrategia digital robusta, pasando por la importancia crucial de la cultura empresarial, la formación continua y la adopción de las tecnologías adecuadas, cada etapa de este proceso es esencial para garantizar una transformación exitosa. Los testimonios y estudios de caso demuestran que, independientemente del tamaño o sector, las PYMES pueden obtener grandes beneficios de la digitalización.

Al estar atentas a las tendencias emergentes y prepararse para futuras evoluciones tecnológicas, las PYMES pueden no solo adaptarse a un entorno en constante cambio, sino también aprovechar nuevas oportunidades. La flexibilidad, la innovación y la proactividad son las claves para navegar con éxito en el universo digital.

En resumen, la transformación digital no es un fin en sí

mismo, sino un poderoso medio para alcanzar los objetivos estratégicos y asegurar la sostenibilidad y prosperidad de su empresa. A medida que avanza en este proceso, continúe aprendiendo, experimentando y adaptándose, ya que es así como explotará plenamente el potencial de la digitalización. ¡Buena transformación digital!

www.ingramcontent.com/pod-product-compliance
Lightning Source LLC
Chambersburg PA
CBHW071936210526
45479CB00002B/698